CHARON-VERLAG
Grimme KG

SCHLAG ZEILEN Black Label

Japan Bondage

BONDAGE – HANDBUCH SPEZIAL

Matthias T. J. Grimme

Japan Bondage – Bondage-Handbuch Spezial
Matthias T. J. Grimme
4. Auflage 8. – 9. Tsd.
Cover: Gert Lorenz – boeser fotograf
Druck und Bindung: oeding print GmbH, Braunschweig
Printed in Germany 2022
ISBN 978-3-931406-70-7
EAN 9783931406707
Preis: € 24,00

Widmung

Wabi-Sabi
(japanisch: Weniger ist mehr)

»Nichts bleibt, nichts ist abgeschlossen
und nichts ist perfekt.«
(Richard R. Powell über Wabi-Sabi)

»Nimm mehr Seil.« –
Das sagten die Bondage-Leute
in Japan oft zu mir.

Dieses Buch ist allen gewidmet, die mir ihre Kunst gezeigt haben und allen, die mir erlaubten sie fesseln zu dürfen.

Ein extra großes Dankeschön an Osada Steve für seine große Gastfreundschaft und seine kenntnisreiche Einführung ins Nachtleben von Tokyo, die Kontakte, die er mir dort verschaffte und die Events, die er für uns organisierte.

Ein ganz besonderer Dank geht auch an unser geduldiges Modell Coco L., welches mehrere Abende damit verbrachte, still zu halten und gut auszusehen.

Ein weiterer Dank geht an Matthias Motl für konstruktive und fachkundige Kritik, sowie seine Beiträge.

Ohne meine ›Family‹ wäre dieses Buch sicher nicht entstanden. Andrea hat mir mal wieder geholfen, meine sprachlichen Grobheiten auszugleichen, Nicole hat die Bilder gemacht und Steff hat mir mit ihren Korrektur-Anmerkungen weitergeholfen.

INHALT

Einführung

Schon seit längerem wurde ich gefragt, wann ich denn endlich ein Buch über die japanische Art zu fesseln machen würde. Nun ja, voilà, hier ist es.

In den letzten Jahren ist erfreulicherweise einiges auf dem englischsprachigen Markt erschienen, das sich mal mehr, mal weniger ausführlich mit dem Thema beschäftigt. Hier bildet das Geschichtliche oft einen wichtigen Fokus.

Die Frage, woraus sich diese Art zu fesseln entwickelt hat, und ob es sich um eine japanische Kunstrichtung wie Ikebana oder Kendo handelt, scheint für viele Fans im Vordergrund zu stehen.

Und manch einer raunt mit ehrfürchtiger Stimme von der uralten japanischen Tradition des Kinbaku.

Ich vermute, dass sich uns im Westen nie ganz erschließen wird, wie sich das künstlerischen Erbe der gewachsenen Tradition japanischer Kampfkünste (wie z.B. Hojojitsu) auf die heutigen Schulen der verschiedenen Fesselkünstler der aktuellen Generation ausgewirkt hat, da wir eben nicht in dieser Gesellschaft aufgewachsen sind und wir deren Wurzeln daher nur forschend aber nicht teilnehmend eruieren können. Gemeinsam dürfte jedoch allen jemals praktizierten Formen des Shibari sein, dass es eben nicht nur um das Erlernen und Nachbauen des seit langer Zeit Tradierten geht, sondern die eigentliche Triebfeder dahinter das Ausleben von Sexualität und Erotik ist, verbunden mit der besonderen Ästhetik eines in Seilen gefesselten Körpers und seiner Wirkung auf Betrachter wie Teilnehmer.

Klar ist es spannend, sich die Entwicklung eines Fesselstils anzuschauen, aber entscheidend für mich als Fessler ist vor allem die heutige Umsetzung und wie diese so kunstfertig und risikoarm wie möglich auszuführen ist.

Dieses Buch beschäftigt sich also ganz bewusst weniger mit der Geschichte japanischer Bondage, als damit, wie man sie heute einsetzt. Dabei geht es nicht allein um Technik, sondern auch um die Interaktion zwischen dem Passiven und dem Aktiven.

Als ich kurz nach der Jahrtausendwende das erste Mal in Tokyo japanische Bondage live erleben durfte, kam ich mir trotz meiner Kenntnisse von diversen Fesselungen ziemlich ahnungslos vor. Aber bei meinen folgenden Besuchen in Tokyo bekam ich dann die Chance, einigen bekannten Bondage-Künstlern genauer auf die Finger zu schauen und viele Fragen zu stellen. Glücklicherweise sind die Japaner ein höfliches Volk, wofür ich sehr dankbar bin.

Inzwischen gibt es eine ganze Menge an Informationen im Netz, es gibt Workshops und Lehr-DVDs und manch einer hat den deutschen Fesslern, die sich innerhalb der japanisch inspirierten Technik bewegen, schon zuschauen können.

Meist sind dies mehr künstlerische Performance-Auftritte, die das Bild japanischer Fesselkunst in der Öffentlichkeit geprägt haben; was fehlt, ist das Alltags-Fesseln ohne beeindruckende Hänge-Bondage, und was mir persönlich mehr und mehr fehlte, sind die erotischen und emotionalen Aspekte dabei.

Diese Lücke, die manch einem gar nicht als Manko erscheinen mag, da sich inzwischen das Bild verfestigt hat, japanische Bondage bestünde zu neunzig Prozent aus Hänge-Bondages, soll mit diesem Buch geschlossen werden.

Wenn man in japanischen Bondage-Heften blättert oder sich im Netz auf japanischen Bondage-Seiten herumtreibt, wird man feststellen, dass das meiste dort Abgebildete Bondage am Boden ist, und dass das ›Fliegen‹ oder ›Schweben‹, wie Hänge-Bondage in Deutschland oft verklärend genannt wird, eher die Ausnahme ist.

Daher zeigt dieses Buch neben allgemeinen Informationen einen Überblick über die Möglichkeiten, jemanden in den unterschiedlichsten Positionen zu fesseln, sei es liegend, sitzend oder stehend. Und ja, auch der Hänge-Bondage werde ich mich widmen.

Wer das 1999 erstmalig erschienene Bondage-Handbuch von mir kennt, wird die eine oder andere Fesselung in leichten Abwandlungen wieder erkennen, bei der sich in den letzten Jahren hier und da Details in der Seilführung verändert haben. Denn japanische Bondage ist keine statische Technik.

In den Fachkreisen der Fans japanischer Fesselungen wird seit geraumer Zeit diskutiert, ob es für einen Nicht-Japaner überhaupt möglich ist, echtes Shibari oder Kinbaku zu praktizieren. Mir erscheint diese Diskussion müßig und daher habe ich mich ganz bewusst dazu entschieden, meine Art zu fesseln, ›japanische Bondage‹ zu nennen, wobei es sich genauer gesagt um ›japanisch inspirierte Fesselungen‹ handelt.

Nicht maßgeblich, wenn auch nahe liegend, finde ich es, den Fokus auf die Benutzung japanischer Ausdrücke für die verschiedenen Fesselungen zu legen oder auch auf japanisches Dekor, aber der Vollständigkeit halber werde ich die japanischen Begriffe da, wo es mir sinnvoll erscheint, erklären und erwähnen. Zusätzlich gibt es am Ende noch ein japanisch-deutsches Glossar.

Noch ein paar Worte zu meiner Einstellung beim Fesseln. Gerne benutze ich den Satz, dass ich ›Komplizen statt Opfer‹ suche. Das ist für mich mehr als ein hübsches Bonmot, es bedeutet in erster Linie, dass es für mich nicht wirklich sinnvoll ist, eine Einteilung in hier aktiv – der Fessler – und dort passiv – der Gefesselte – vorzunehmen.

Natürlich gibt es immer einen, der fesselt und einen, der gefesselt wird, aber ich finde es spannender, wenn der so genannte Passive das Fesseln nicht einfach nur duldet, sondern sich aktiv in die Seile hinein begibt, mit dem eigenen Körper, seinen Spannungen und den noch vorhandenen Bewegungsmöglich-

keiten experimentiert. Und der dabei seine emotionale Stimmung und seinen eigenen Körper so weit im Blick hat, dass er mögliche Störungen wahrnimmt und sie auch mitteilen kann und gleichzeitig offen bleibt, die Fesselungen zu genießen. Als Fessler fasziniert mich der Austausch und das Spiel, der Überfall mit dem Seil und die Gegenwehr des Partners. Ich mag es zu fesseln und gleichzeitig zu spüren, wie mein Seil meinen Partner umarmt, ihn hält und ihn quält, ihn kost und zu neuer Freiheit führt. Ich liebe die Textur der Seile, das Geräusch das sie machen, wenn man sie über Haut bewegt, ich liebe den Geruch des Materials und die Möglichkeiten, den Körper meines Gegenübers zu formen.

Das vorliegende Buch kann keinen Workshop ersetzen, ist aber ein guter Anfang, wenn man sich eingehender mit japanischen Fessel-Techniken beschäftigen möchte.

Auch wenn in diesem Buch die Modelle ausschließlich weiblich sind, so heißt das nicht, dass man nur Frauen fesseln kann. Die gezeigten Techniken lassen sich genauso gut an Männern durchführen (wie man in meinem ersten ›Bondage-Handbuch‹ sehen kann).

Innerhalb des Buches benutze ich meist die männliche Form sowohl für den Fessler, als auch für den Gefesselten. Wäre ich eine Frau, hätte ich es wahrscheinlich genau andersherum gemacht und von der Fesslerin und der Gefesselten gesprochen.

Ein paar Worte zur Geschichte der japanischen Bondage

Seil hat in Japan schon immer eine wichtige Rolle gespielt, etwa als Dekorationsinstrument während der Jomon-Kultur (ab 10.000 vor Christus). Aus dieser Zeit findet man Keramiken bei denen mit unterschiedlich dicken Schnüren Muster in den feuchten Ton gedrückt wurden – auch in Europa gab es mit der Schnurkeramik eine vorgeschichtliche Zeit, in der diese Technik angewandt wurde.

Später spielte Seil bei diversen religiösen Ritualen eine Rolle und noch heute hängen Seile an so vielen Tempeln.

Mit Seil wurden Sandalen geflochten, Dinge verpackt, Bambusstangen zu Zäunen gebunden und die einzelnen Rüstungsteile der Krieger aneinander befestigt.

Kein Wunder also, dass man in dem an Eisenerz armen Land Gefangene statt in Eisen eher in Seile legte. Manche dieser Techniken erinnern an ähnliche Fesselungen wie sie noch heute in China gebräuchlich sind.

Wie so oft in Japan, entwickelte man aus traditionellen Formen immer speziellere Fessel-Techniken, bei denen die Seile zu immer kunstvolleren Mustern gebunden wurden.

Sowohl in kriegerischen Auseinandersetzungen als auch im damaligen Strafsystem enstanden verschiedenste Fessel-Varianten.

Innerhalb des Kampfsystems der Ninja, dem Ninjutsu, entstand so die Technik des Hojojutsu, die schnelle und effektive Möglichkeit einen Gegner durch Seil bewegungsunfähig zu machen.

Natürlich lag es nahe, irgendwann Fesseltechnik und Erotik zusammen zu bringen: Das gefesselte wehrlose Opfer, sexuellen Übergriffen hilflos ausgesetzt. Dieser Topos wurde teils sogar in Theaterstücken dargestellt.

Die ältesten erotischen Holzschnitte mit gefesselten Frauen aber auch Männern existieren wohl seit der Edo-Zeit (ab dem 17. Jahrhundert).

Nach allen mir vorliegenden Informationen veröffentlichte Seito Ito die ersten Fotos mit gefesselten Frauen in den 20er Jahren des letzten Jahrhunderts. Er gilt als Urvater des modernen Shibari, auch wenn er sich in seinen Fesselungen eher an den Vorlagen aus den alten Holzschnitten orientierte.

Während und nach dem zweiten Weltkrieg kam Japan in Berührung mit dem Konzept des einvernehmlichen Sadomasochismus. Inwieweit das Einfluss auf die in den 50er Jahren entstehenden Bondage-Fotoclubs und Bondage-Magazine hatte, ist meines Wissens nicht wirklich erforscht. Auch die ersten halböffentlichen Bondage-Vorführungen soll es zu dieser Zeit schon gegeben haben.

Ab Mitte der 70er Jahre entwickelte sich das, was wir heute noch unter japanischer Fesselung verstehen, wobei diese Entwicklung stets weiter fortschreitet, wie sich zum Beispiel in Abwandlungen bei der Seilführung bei einzelnen Fessel-Techniken zeigt.

Sowohl der Begriff des Shibari (für die Technik des Fesselns) als auch des Kinbaku (für die japanische Art des Fesselns mit der ein bestimmtes Gefühl erzeugt werden soll) sind relativ neu und auch in Japan eher Fans der japanischen Bondage als dem Normal-Bürger bekannt.

Noch neuer sind die Begriffe Neo-Bari oder Fusion-Bondage, wobei damit eine Technik beschrieben wird, bei der alte Techniken sowohl japanischer als auch westlicher Fessel-Tradition und neue Ideen (fluoreszierende Seile, Fesseln an Alltags-Gegenstände etc.) ineinander verwoben werden.

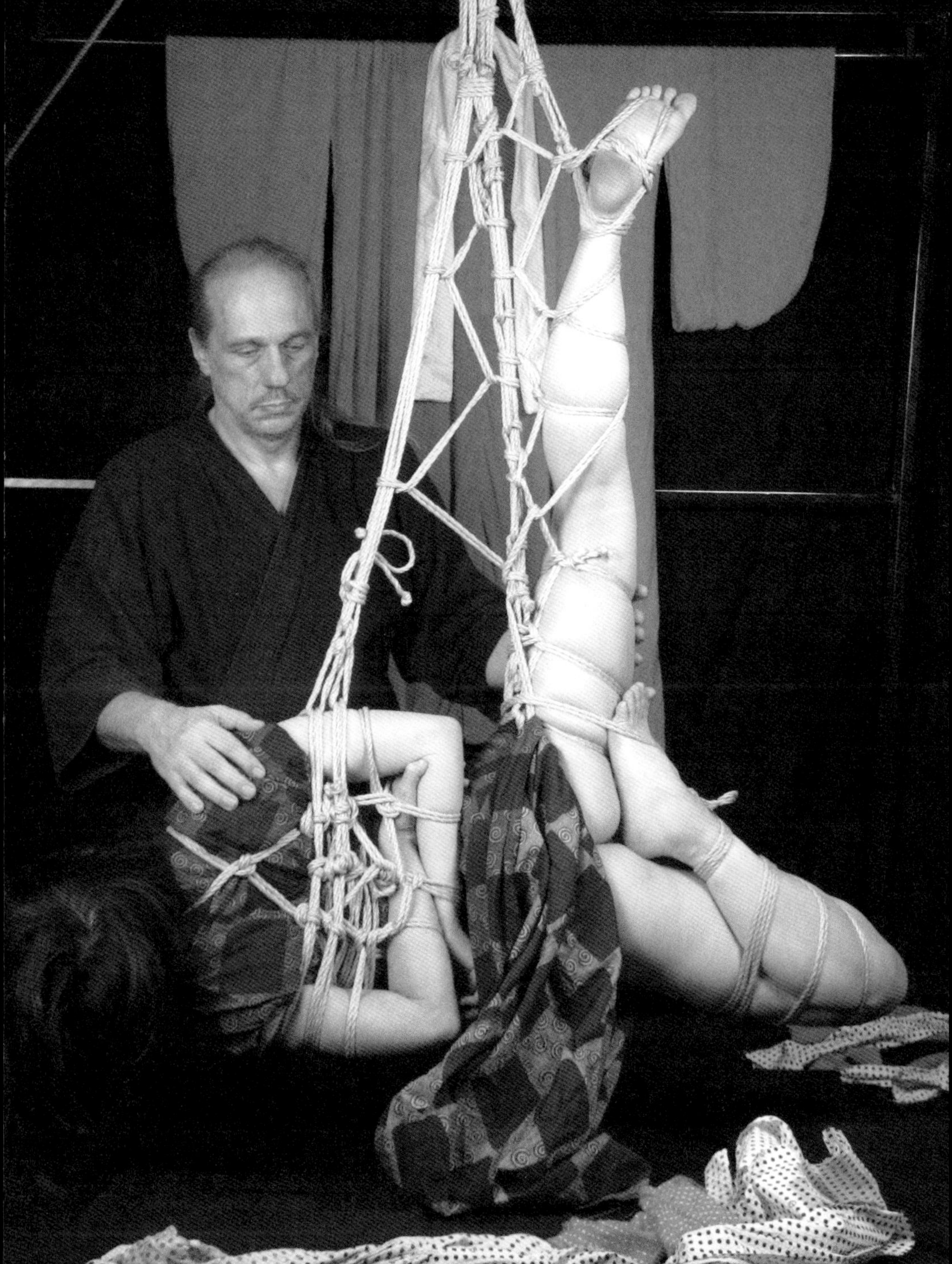

Blick nach Japan – Anmerkungen zur japanischen Bondage-Szene

Japan, das ersehnte Paradies für westliche Bondage-Liebhaber. Irgendwie bin auch ich davon ausgegangen, dass es den Japanern in die Wiege gelegt ist, mit dem Seil kunstvoll und effektiv zu fesseln. Bondage-Clubs und Bars, in denen Fesslerinnen und Fessler ihrer Lust am Seil nachgehen würden und ich mitten drin.

Natürlich war alles ganz anders. Der Normal-Japaner verbindet mit dem Wort Shibari nur ›binden‹ und das ohne jeglichen erotischen Kontext. Ohnehin hatte ich in den ersten Jahren meiner Besuche das Gefühl, dass Japaner gerne englische Begriffe benutzen und die japanischen Worte für Fesselungen fast häufiger im Westen zu hören sind.

Ich erinnere mich an eine Diskussion mit Chiba Sensei über den Unterschied zwischen japanischen und europäischen Frauen im Seil. Der Genuss von Schmerzen innerhalb einer Bondage ist in Japan eher ungewöhnlich und die Freizügigkeit meiner deutschen Modelle kollidierte mit der Idee der Scham, die ein wichtiger Bestandteil japanischer Bondage-Situationen ist. In der Diskussion ging es auch um den manchmal gespielten Schmerz der japanischen Modelle.

Die entscheidende Situation für mein Verständnis dessen, was ich bei japanischen Modellen sah, war das Vorgespräch mit einem japanischen Bondage-Modell.

Wir hatten uns schon mehrmals zum Üben getroffen und klärten, was wir wie bei der anstehenden Performance machen wollten.

Bisher hatte Yuri sich eher normal – im Sinne meiner Erfahrungen mit meinen deutschen Modellen – verhalten. Jetzt fragte sie, wie ich es denn gerne während des Auftritts hätte. Sollte sie sich eher mit neutralem oder lieber leidendem Ausdruck von mir fesseln lassen?

Ich entschied mich für leidend und kaum hatte ich dann auf der Bühne das erste Seil an ihren Körper geführt, fing sie an zu stöhnen, zu seufzen und kleine Schmerzenslaute von sich zu geben. Alles sehr hübsch, aber für mich als Westler, der mit dem westlichen Verständnis von Authentizität daher kam, doch irritierend.

Eine weitere Entdeckung verstärkte meine Unsicherheit bezüglich der ›Echtheit‹ mancher Reaktionen von Modellen in der Fesselung. Mehrmals wurde ich Zeuge, wie sich die erst ganz entspannten und teils auch recht frechen Frauen dem Beginn der Show schlagartig in schamhafte, leidende und unterwürfige Wesen verwandelten, um dann nach der Performance wieder genauso normal zu sein wie vorher.

Unter dem Eindruck dieser Erfahrungen betrachte ich inzwischen die hingebungsvollen Gesichter und das schamhafte Leiden japanischer Modelle unter einem anderen Blickwinkel. Denn natürlich kann es sein, dass das, was ich als gespielt erlebe, einfach ein genauso echtes, aber nur auf Grund japanischer Tradition verständliches emotionales Switchen ist.

Japaner schienen mir als Westler gegenüber ja eher recht distanziert zu sein, etwa wenn man ihnen auf der Straße begegnete oder im Hausflur. Das Ganze wurde glücklicherweise abgemildert durch die überall anzutreffende Höflichkeit, die so manches im Kontakt mit Japanern für mich erleichterte.

Doch sobald man einander in Bondage-Clubs traf, und damit quasi ein gemeinsames Thema hatte, änderte sich das distanzierte Verhalten bei den meisten. So wurde ich schon im ersten Jahr von einem der Osada-Seminar-Gäste zu einem Bondage-Shooting eingeladen, bei dem ich das bezahlte Modell fesseln durfte und ein weiterer Gast verabredete sich mit mir, um mir seinen Lieblings-Bondage-Club zu zeigen.

Und beide waren Leute, mit denen ich mich kaum verständigen konnte, weil mein Japanisch eher vernachlässigbar war und deren Englisch auch nur unwesentlich besser.

Interessant fand ich jedoch, wie sehr manche der eher älteren Privates (›Private‹ im Gegensatz zu bezahlten Modellen), die in dem Seminar waren, mich provozierten, während sie sich fesseln ließen. Das kannte ich aus meiner Heimat, wäre aber nie auf die Idee gekommen, dass japanische Frauen dieses provokative Spiel genauso gut drauf haben.

Irgendwie hatte ich mir in Japan alles etwas größer vorgestellt, aber die Clubs waren selten über zwanzig bis dreißig Quadratmeter groß; ich hatte die Rechnung ohne die horrenden Mietpreise in Tokyo gemacht. Eine nicht-kommerzielle Szene, wie ich sie aus Deutschland kenne, ist in Japan so gut wie nicht vorhanden. Es gibt fast keine Stammtische und Vereine und daher kaum Vernetzungen. Man trifft sich eher zufällig in den Clubs, auf Fetisch-Partys oder Bondage-Events oder kommuniziert per Internet. Eine weitere Möglichkeit Gleichgesinnte kennen zu lernen, sind die Seminare, die manche der Bondage-Meister veranstalten.

Auch im Land der aufgehenden Sonne ist es nicht leicht, einen Partner oder eine Partnerin zu finden, die Lust auf Fesseln hat. Da bleibt den meisten Männern oft nur der Weg, sich ein Modell für Bondage zu buchen, sich von den Profis in den Bondage-Clubs fesseln zu lassen oder dort selbst zu fesseln. Frauen sieht man häufiger in den Clubs, aber meist in Begleitung ihrer Partner. Manch eine Solo-Frau mit Interesse an Shibari entscheidet sich lieber, zu einem bekannten Bondage-Künstler zu gehen, als nach einem geeigneten Partner zu suchen.

Die SM-Shops sind meist noch kleiner und mit deutlich schlechterer Auswahl als die großen Shops in Hamburg. Dafür gibt es eine unübersehbare Menge an Bondage-Filmen und -Magazinen, wobei zwischen Bondage, SM und Klinik-Spielen in einigen Publikationen ein fließender Übergang zu herrschen scheint.

Sowohl in den Filmen als auch in den Heften sind die Genitalien verpixelt oder mit einem schwarzen Balken versehen, eine Spezialität der japanischen Zensur. Das führt zu lustigen Absurditäten, etwa wenn es erlaubt ist zu zeigen, wie ein weibliches Modell einem Hund einen bläst, denn die Verpixelung ist nur bei menschlichen Genitalien geboten.

Bei uns in Deutschland gibt es zwar Filme aus japanischer Produktion, die nicht verpixelt sind, aber die sind selbstverständlich in Japan illegal und manch einheimischer Produzent, der unverpixelte Bilder oder Filme veröffentlichte, sitzt deswegen im Gefängnis.

Die Stripclubs in Japan haben keine Nacktlizenz. Die Frauen ziehen sich trotzdem aus, auch auf die Gefahr hin, bei einer Razzia Ärger zu bekommen: Gefängnis für die Frau und drei Monate Schließung des Clubs. Ein nicht wirklich legales Zusatzbrot verdienen sich Clubs mit Polaroidfotos, die die Zuschauer machen dürfen und die Mädchen erfüllen da so manche Bitte (»Bitte Beine breit machen ...«).

Bei meinen Aufenthalten in Tokyo habe ich die unterschiedlichsten Shows gesehen und auch selbst diverse Auftritte mit japanischen und eigenen Modellen gehabt. Die Rückmeldungen, gerade zu den Shows mit meinen deutschen Gespielinnen, waren spannend. Es gab Kommentare von »verstörend« bis hin zu »man sieht, dass bei euch Liebe im Spiel ist«. Für japanische Augen war das, was wir boten, eher ungewohnt, denn meine Modelle litten nicht mit geschlossenen Augen in den Seilen, sondern kommunizierten aktiv mit mir, bewegten ihren Körper und warfen auch mal einen provokantem Blick ins Publikum.

Über meine japanischen Erfahrungen ließe sich natürlich viel mehr schreiben, aber dieses Buch soll ja kein Reiseführer sein.

Exkurs: Shibari oder die Kunst ästhetisch inszenierter Hingabe

Japanische Seil-Bondage oder Shibari besteht aus mehr als einem Fesselkünstler und seinem Modell, es ist in seiner schönsten Ausprägung Ausdruck von Hingabe und ihrer Annahme, Liebe, Geborgenheit, Zärtlichkeit, Halten und Gehaltensein, abgegebener und übernommener Verantwortung. Die scheinbare Einschränkung der Bewegungsfreiheit durch die Fesseln kann zu einer tiefen inneren Befreiung werden; der in die unterschiedlichsten Haltungen gezwungene Körper findet eine fast meditative Ruhe. Ähnlich dem bewegungslosen Sitzen buddhistischer Mönche kann die Sicherheit des fachgerecht benutzen Seils den Weg in einen tranceähnlichen Zustand innerer Ruhe ebnen.

Zuerst begegnete den Europäern japanische Bondage in kleinen, schlecht gedruckten Heftchen Mitte der 70er Jahre. Titel wie *Cherry Blossom* brachten schon hier die romantisch-lyrische Komponente zum Ausdruck. Bücher wie Nobuyoshi Arakis *Tokyo Lucky Hole* aus einem der großen Fotobuch-Verlage, die Verbreitung des Internets und Filme wie *Tokyo Decadence* zeigten japanische Bondage als originären Bestandteil erotischer Kultur im heutigen Japan.

Inzwischen taucht japanische Bondage sogar in der normalen Werbung auf (so etwa bei einer vor einigen Jahren veröffentlichten Anzeige der Firma *Chiemsee*) und wird in Seminaren und Workshops, auf Mailinglisten und besonders auf der berühmten Seite www.kikkou.com einem neugierigen und wissensdurstigen westlichen Publikum vermittelt.

So wie die Japaner sich an den erotischen Inszenierungen westlicher Kulturen bedienten und deren direkten Blick in ihre Kunst integrierten, so griffen ihrerseits auch viele westliche Seilkünstler die Anregungen aus dem Land der aufgehenden Sonne auf.

Natürlich stellte sich hier schnell die Frage, ob es sich immer noch um Shibari handelt, wenn westliche Hände Seil um westliche Körper schlingen, auch wenn sie sich in Japan entwickelter Fessel-Grundformen bedienen. Die Nutzung von japanischer Dekoration (Kimono, Bambus, papierbespannte Schiebewände, Bonsai) in der westlichen Bondage-Fotografie will eine ähnliche Stimmung vermitteln, wie sie in der japanischen Bondage-Fotografie erzeugt wird.

Dennoch gibt es einen entscheidenden Unterschied zwischen dem westlichen und dem östlichen Blick und den dazugehörigen Inszenierungen.

In der japanischen Bondage-Fotografie tauchen immer wieder Accessoires auf, die in der westlichen Japan-Bondage-Fotografie fast gänzlich fehlen: Dildos, Urinierbecken, Einlauf-Utensilien, seltsame Vibratoren, also Hinweise darauf, dass es hier um mehr als eine ästhetisch künstlerische Inszenierung geht.

Unabhängig davon kann man im weiten Feld japanischer Bondage-Fotografie verschiedene Schwerpunkte erkennen: Mal ist der Fotograf Chronist, mal Pornograf und ein anderes Mal ist es der Blick rein künstlerischer Inszenierung und wenn es ganz genial ist, dann sind alle Aspekte verbunden.

Westliche Shibari-Fotografie hingegen ist zwar ein erotisches Experiment, eine abenteuerliche Reise, doch der Blick fokussiert sich auf die Schönheit der Hingabe des gefesselten, dem Seil ausgelieferten Körpers; dem in sich gekehrten Blick des scheinbaren Opfers. Sex oder gar Geilheit ist in der westlich geprägten japanisch inspirierten Bondage-Fotografie oft nur in transzendierter Form vorhanden.

Doch eines haben beide gemeinsam: Japanische und japanisch inspirierte Bondage-Bilder spielen immer mit dem Blick. Dem Blick des Modells, dem Blick des Fotografen und dem Blick des Betrachters.

Dieses Dreieck ist ein recht alter Topos japanischer Erotik. Schon auf vierhundert Jahre alten Holzschnitten wird das Spannungsverhältnis zwischen einem einander zugewandtem Paar und einem weiblichen oder männlichen Beobachter dargestellt. Auch wenn in der modernen Bondage-Fotografie meist nur noch eine der beteiligten Figuren abgebildet ist und die anderen beiden abstrahiert bleiben, so bleibt diese Inszenierung von Fleisch und Seil, Blick und Interieur doch nur so lange wirkungsvoll, wie dieses Dreieck erzeugt wird.

So wie der Seilkünstler nichts ist ohne sein Modell, so ist das erotische Bondage-Bild nichts ohne einen Betrachter.

Daher lädt gute Bondage-Fotografie oder auch eine gute Bondage-Performance ein auf eine sehr persönliche Reise zu dritt, bei der man so zu einem Teil des magischen Dreiecks werden kann.

Japanische Bondage-Künstler

Die hier vorgestellten Nawashi (professionelle Seil-Meister) und Sensei (Lehrer) haben sich ihren herausragenden Platz innerhalb der japanischen Bondage-Szene meist durch viele öffentliche Auftritte, hunderte von Film-Produktionen und oft auch eigene Clubs erworben. Diese Auswahl ist parteiisch, denn sie enthält nur Leute, die ich persönlich kennen und schätzen gelernt habe. Dass in ihr keine weiblichen Seil-Meisterinnen vorkommen, hat mit der speziellen Situation in Japan zu tun: In den hunderten von Bondage- und SM-Clubs wird von den dort arbeitenden Frauen insgesamt deutlich öfter Bondage praktiziert als von Männern außerhalb dieser Clubs. Und ganz sicher gibt es dort auch Frauen deren Fähigkeiten ähnlich weit gediehen sind wie die der bekannten männlichen Künstler. Eine Bondage-Mistress in Tokyo brachte es auf den Punkt: »Wer will schon männliche Modelle auf der Bühne sehen?«

Zu den in SM-Clubs arbeitenden Frauen kommen die Kunden regelmäßig, für männliche Fessler dagegen ist es schwer, wenn sie keinen Namen haben, weibliche Modelle kennenzulernen. Nur wenige Mistresses gehen den Schritt auf die Bühne, weibliche Bondage-Film-Produktionen scheint es fast keine zu geben.

Die Reihenfolge der Bondage-Master erfolgt nach den Jahren, in denen die Bilder entstanden sind und soll keine wie auch immer geartete Rangfolge ausdrücken. Die Fotos sind spontane Schnappschüsse unter fotografisch eher schlechten Bedingungen, gedacht als Dokumentation des Erlebten, daher bitte ich die teilweise recht schlechte Qualität der Bilder zu entschuldigen.

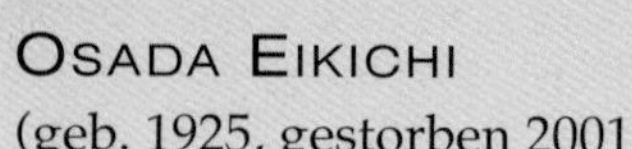

Osada Eikichi

(geb. 1925, gestorben 2001)

Fotos aus dem Jahr 2000

Ihm ist es zu verdanken, dass SM-Shows in Tokyo heute salonfähig sind, denn bereits seit 1965 gab er halböffentliche Bondage-Vorstellungen.

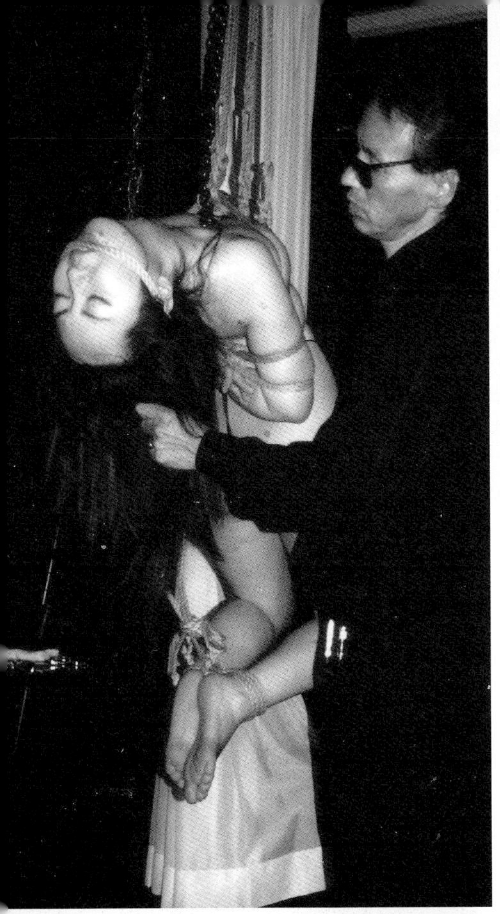

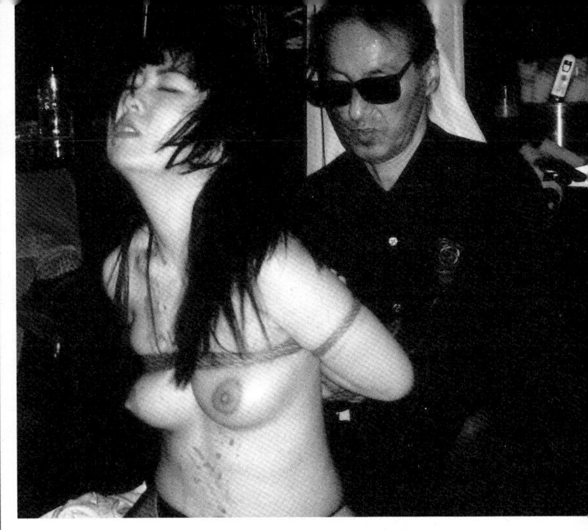

Akechi Denki
(geb. 1941, gestorben 2005)
Fotos aus dem Jahr 2000
»Shibari ist eine besondere Art des Liebesspiels. Das Seil dient der liebevollen Umarmung des Partners, ähnlich der Umarmung eines Kindes durch die Mutter.«

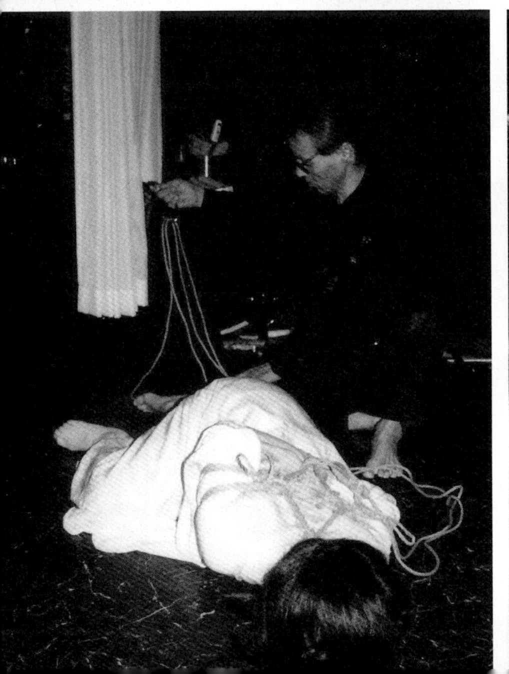

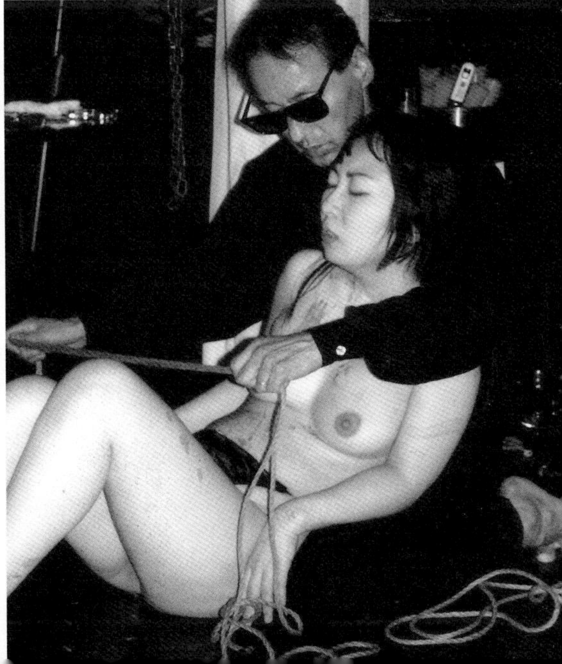

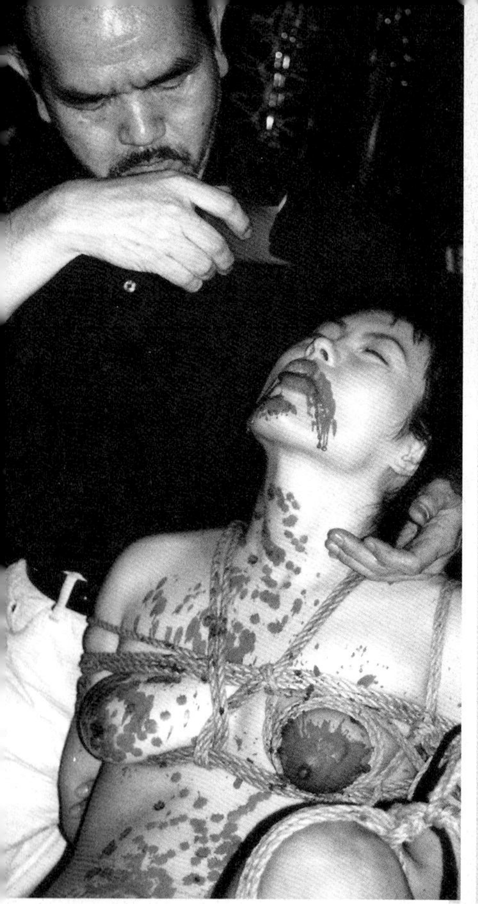

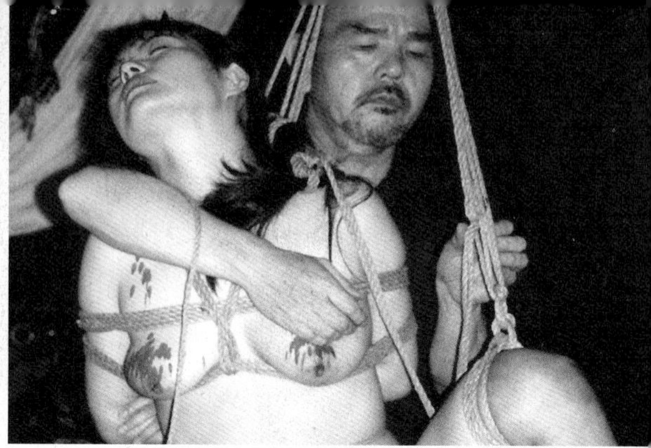

CHIBA EIZO

(Geburtsjahr mir nicht bekannt, wahrscheinlich Ende der 50er, Anfang der 60er Jahre)
Fotos aus dem Jahr 2000
Bekannt durch viele Filme, in denen er sich besonders intensiv mit den unterschiedlichsten Varianten der Gesichts-Bondage beschäftigt.

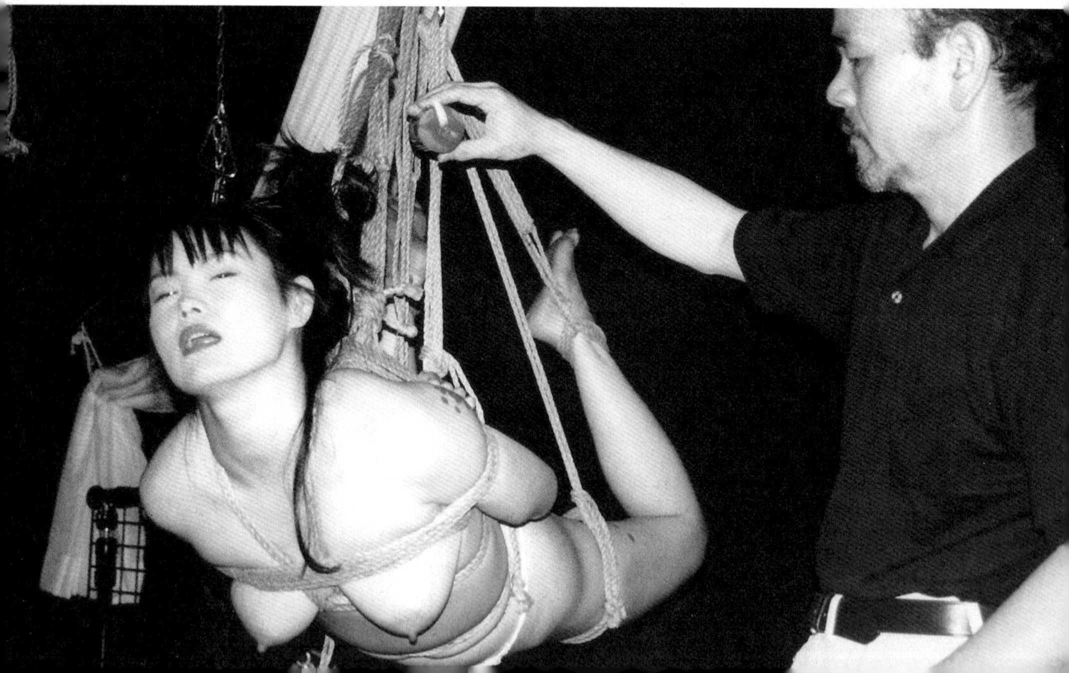

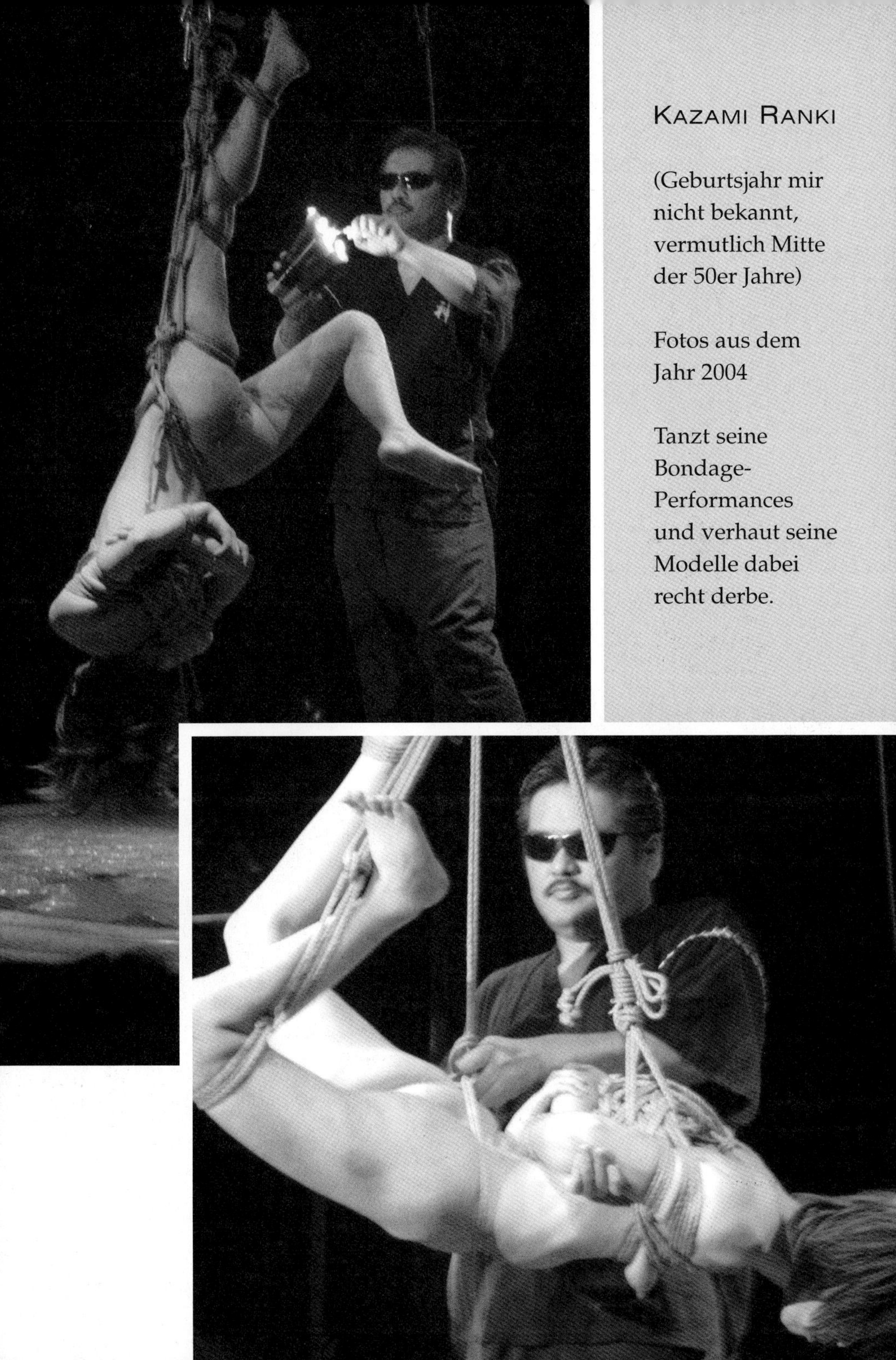

Kazami Ranki

(Geburtsjahr mir nicht bekannt, vermutlich Mitte der 50er Jahre)

Fotos aus dem Jahr 2004

Tanzt seine Bondage-Performances und verhaut seine Modelle dabei recht derbe.

MIRA KURUMI
(geb. 1973)

Fotos aus dem Jahr 2004

Der fesselnde Magier – seine Performances sind eine Mischung aus Zauberei und Fesselkunst.

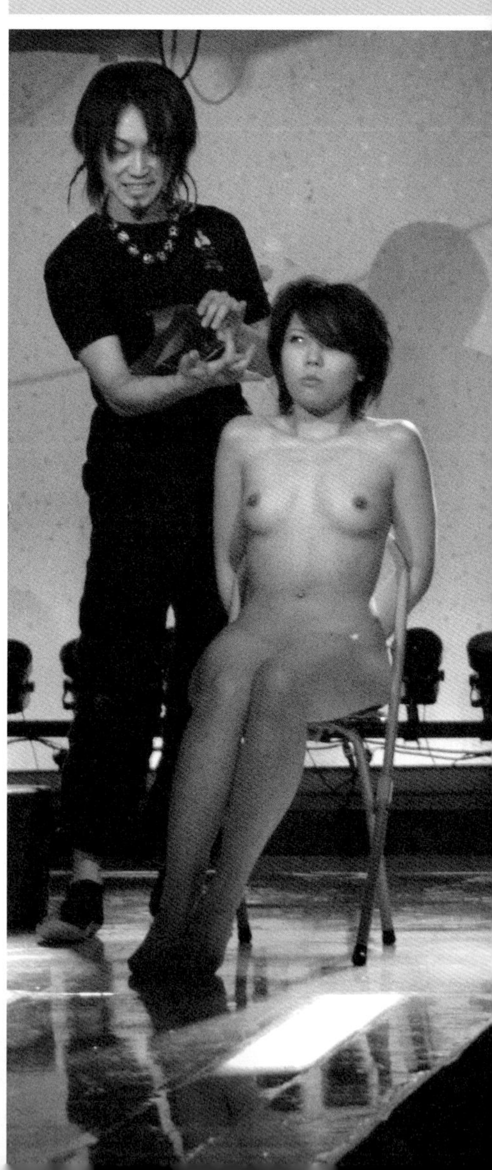

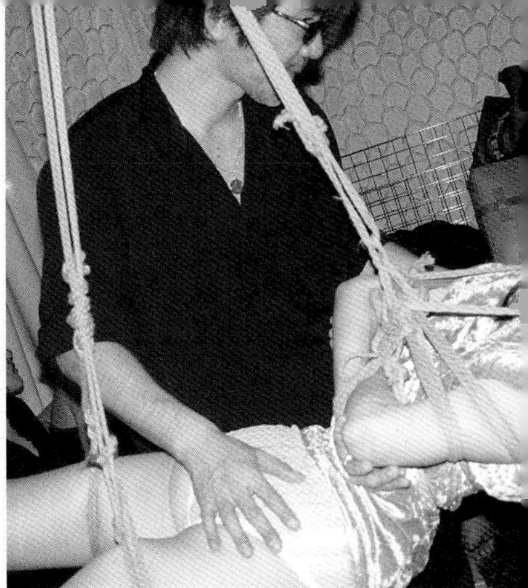

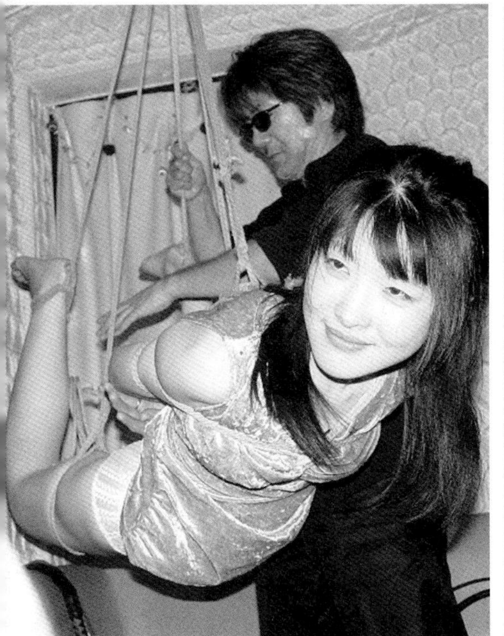

Randa Mai
(geb. 1959)

Fotos aus dem Jahr 2005

»Ein guter Meister ist teils Psychologe, teils Therapeut. Er muss in der Lage sein, die individuellen Bedürfnisse der jeweiligen Masochistin zu erkennen, um ihr Türen zu öffnen, sie auf den Weg zu schicken, ihr durch verständnisvolle, doch strikte Behandlung zur Erlösung zu verhelfen.«

Osada Steve
(geb. 1952)

Fotos aus dem Jahr 2008

Der seit mehr als dreißig Jahren in Japan lebende Berliner Osada Steve ist das verbindende Glied zwischen der japanischen Bondage-Szene und dem neugierigen Westen. Er lernte bei Osada Eikichi, später bei Akechi Denki und Yukimura Haruki und ist der Gründer des Osada ryu, einer Fessel-Schule mit ähnlichen klar strukturierten Regeln wie sie aus dem japanischen Kampfsport bekannt sind. Gleichzeitig mein freundlicher Gastgeber und Führer während meiner Tokyo-Aufenthalte.

»Sicherheit, Flüssigkeit, Fingerfertigkeit, Geschwindigkeit kommen mit Übung und Erfahrung. Allein schon aus Sicherheitsgründen müssen komplizierte Hängebondage-Progressionen flott ablaufen. Abgesehen davon: Wer flott fesseln kann, kann im Problemfall auch flott wieder abbauen. Geschwindigkeit heißt Sicherheit. Niemand sagt, dass man nach Beherrschen einer Technik das Tempo nicht drosseln darf. Aber langsames Fesseln, weil man nicht weiß, was man macht, in der Umgangssprache gern als Rumknüppern bezeichnet, hat im Osada ryu keinen Platz. Wer da was werden will, muss üben, üben, üben, bis jeder Fingergriff sitzt.«

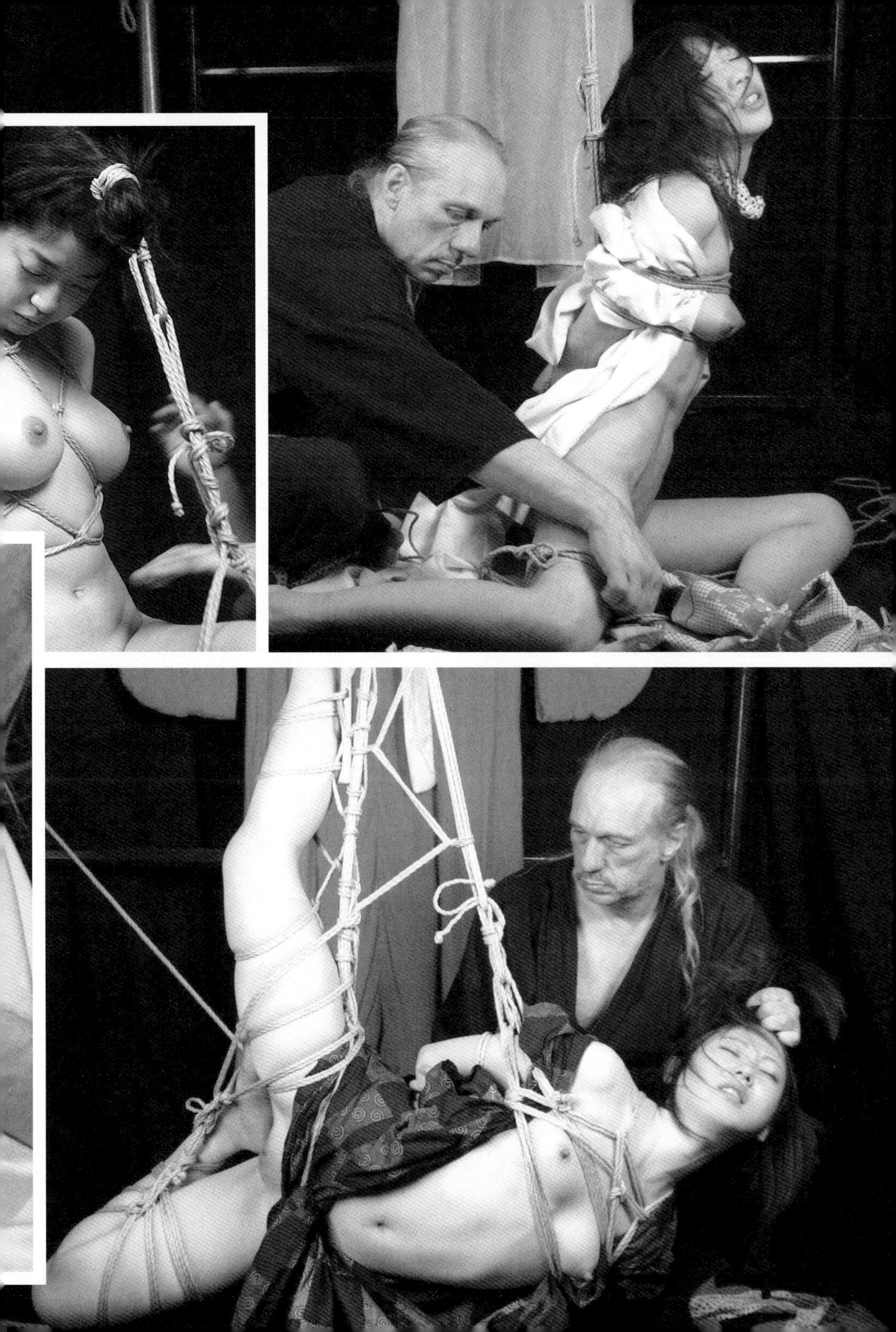

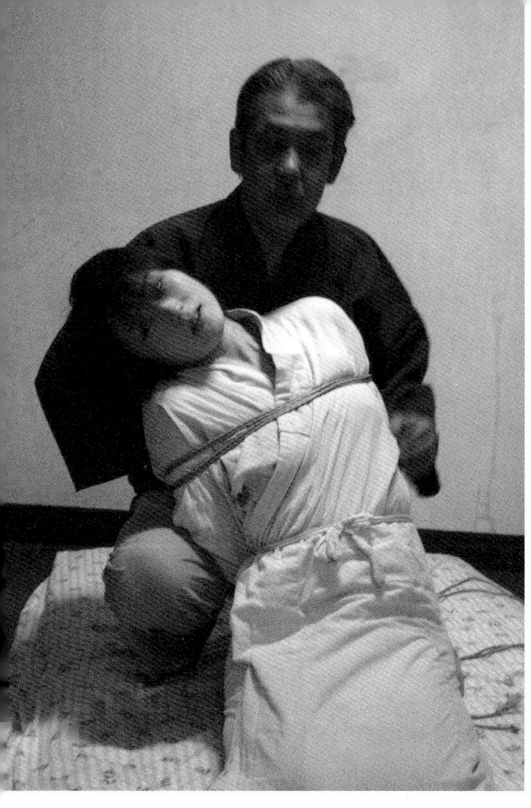

Yukimura Haruki
(geb. 1948)

Fotos aus dem Jahr 2008

Bekannt nicht zuletzt durch Hunderte von Filmen, die er produziert hat.

»Für mich ist Shibari ein emotionaler Austausch zwischen einem Mann und einer Frau. Das ist etwas, was es wohl nur in Japan in dieser Art gibt – die gegenseitige Liebe über das Medium Seil ausdrücken zu können. Es geht nicht darum, wie man eine bestimmte Bondage im technischen Sinne baut. Ziel und Zweck sind, wie man über die eigentliche Aktion des Fesselns die Gefühle des Partners weckt.«

Hajime Kinoko
(geb. 1977)

Fotos aus dem Jahr 2010

Einer der jungen Fessel-Künstler, der neben den traditionellen Techniken auch etwas Neues entwickelt hat, das Neo-Kinbaku, bei dem alte klassische Bondage-Elemente mit neuen gemischt werden.
»Die jungen Leute wollen was anderes sehen, als nur die traditionellen Shibari-Shows.«

Nureki Chimuo

Geboren 1930 (gestorben 2013). Er war der letzte der großen, alten Bondage-Meister der Nachkriegs-Generation und bis kurz vor seinem Tod als Fessler aktiv. Bilder fotografiert von Osada Steve.

»Kinbaku kann man nicht erlernen, und Kinbaku lässt sich folglich nicht lehren. Zwar habe ich zahlreiche Lehrvideos gedreht, es ist aber unmöglich, die Fesselungen so nachzubauen, wie sie gezeigt werden. Das liegt daran, dass jede Fesslung jedes Mal anders ist. Einfach aus dem Grunde, weil die Frau anders ist und je nach Tageslaune anders drauf ist. Egal was passiert, jede Bondage ist jedes Mal einzigartig und lässt sich niemals mehr genau so reproduzieren. So ist das nun mal beim Kinbaku. Rein technisch gesehen mag die Bondage, wenn sie fertig ist, ähnlich, ja sogar identisch ausschauen. Die während der Bondage auftretenden Emotionen, die Leidenschaft, die Atmosphäre, die Erlebnisse sind jedoch niemals die gleichen.
Das Wichtigste beim Kinbaku ist das Herz. Du musst Herz haben. Du musst wissen, was du willst. Du musst deine Leidenschaft zum Einsatz bringen. Alles andere ist halbherziger Schnickschnack. Natürlich brauchst du auch Technik. Selbst wenn du das größte Herz der Welt hast und ein unwiderstehliches Verlangen, jemanden zu fesseln – ohne Technik kannst du das vergessen.«

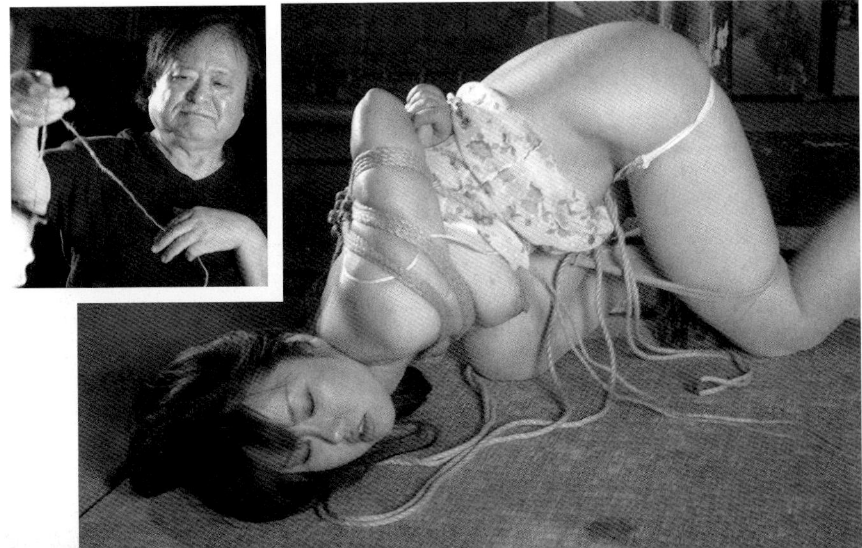

Bondage-Basics

5.1. Wie will ich fesseln? Und wie mich fesseln lassen?

Am Anfang steht die gemeinsame Feststellung, dass Fesseln etwas ist, das sowohl den Aktiven als auch den Passiven anmacht und reizt. (Der Einfachheit halber benutze ich hier die Begriffe ›aktiv‹ für denjenigen, der die Fesselung macht und ›passiv‹ für den, der sich in die Seile binden lässt, obwohl diese Begriffe dem Geschehen nicht gerecht werden.)

Doch gibt es mehr Gesprächsbedarf, da man wissen möchte, was denn das Ziel beim Fesseln ist und womit dieses Fesseln stattfinden soll.

Japanische Bondage kann man unter eher meditativem oder sexuellem, künstlerischem oder gebrauchsorientiertem Aspekt sehen. Und da ist es dann klar, dass wenn der eine bei japanischer Bondage eher an Kunst denkt und der andere mehr den sexuellen Aspekt sieht, es sobald die beiden miteinander fesseln, zu Frustrationen auf der einen oder anderen Seite kommen kann.

Ganz einfach ist es, wenn man zusammen einen Film oder ein Bild gesehen hat und beide sagen, das ist spannend, das wollen wir auch machen. Damit hat man dann gleich einen gemeinsamen Anknüpfungspunkt, von dem aus man sich mit den verschiedenen Techniken beschäftigen kann. Gleichzeitig kann es aber auch Probleme geben, weil die abgebildete Fesselung für den Passiven etwa von seiner körperlichen Beschaffenheit her nicht möglich ist oder weil diese Fesselung den Aktiven überfordert. Gut ist es,

wenn man einfach beginnt und nicht sofort eine aufwendige Hänge-Bondage im Auge hat.

Doch gerade am Anfang der gemeinsamen Fesselerlebnisse kommt es immer wieder zu Missverständnissen. In der Übungs-Phase ist der Aktive häufig noch sehr unsicher. Er braucht recht lange, um eine Fesselung zu beenden, der direkte Kontakt zum Passiven kann darunter leiden, denn gleichzeitig dem Seil UND dem ›Opfer‹ zugewandt zu sein, ist in der Lernphase für viele nicht möglich. Der Passive seinerseits weiß noch sehr wenig über die neuen Erfahrungen, die sein Körper mit dem Seil macht oder er beginnt sich zu langweilen, weil der Aktive zu lange braucht. In dieser Situation hilft nur weiterhin miteinander zu reden, um so permanent einen verbalen Kontakt zu halten. Dies ist auch dann wichtig, wenn man sich vorher gemeinsam geeinigt hat, dass man miteinander diese oder jene Bondage üben will.

Ein erfahrener Fessler braucht nicht mehr seine ganze Konzentration auf die Seilführung zu legen. Ihm fließt das Seil durch die Hände um den Körper seines Partners. Und erst mit dieser Sicherheit wird aus der Fesselung eine Umarmung mit dem Seil. Aber auch ein routinierter Fessler sollte, egal wie automatisch er die Fesselungen macht, immer wieder kontrollieren, dass auch alles so sitzt, wie es sein soll.

Erfahrene Bondage-Modelle wissen sehr genau, wo sie ihre Muskeln anspannen müssen und welche Partien ihres Körpers eher locker bleiben sollten. Sie ahnen die Bewegungen des Fesslers voraus und können so dem Zug des Seils mühelos folgen, was für den Aktiven deutlich weniger anstrengend ist.

Doch bis man diese Fähigkeiten erreicht hat, dauert es auf beiden Seiten mehr oder weniger lange. Und der einzige Weg dahin ist regelmäßige Übung.

In den letzten Jahren habe ich vermehrt von Unfällen beim Fesseln gehört und daher sollte man immer einige Vorsichtsmaßnahmen beachten. Näheres dazu im Kapitel 8 auf Seite 63. In meinen Bondage-Workshops weise ich gerne auf diese drei Basis-Regeln hin: Störungen melden, sofortiges Reagieren mit Behebung der Störung, Bewusstheit und Achtsamkeit des Aktiven für potentielle Probleme, auch wenn mal keine Rückmeldung kommt.

5.2. Japanische Seil-Bondage – Technik und Haltung

Die meisten Anleitungen zum Thema japanische Bondage befassen sich in erster Linie mit der Technik des richtigen Fesselns. Natürlich ist eine korrekte Technik die Basis für eine sichere und funktionierende Bondage, aber nur Technik ist wie Töpfern ohne Gefühl, Musikmachen ohne Hingabe, Sex nach Ratgeber. Um die Perspektive sowohl des Aktiven als auch des Passiven zu erweitern, gebe ich hier ein paar Anmerkungen und Fragen, die über das rein technische hinausgehen. Dabei verstehe ich unter Haltung mehr als nur die Körperhaltung des gefesselten Partners oder des Fesslers. Haltung setzt viel früher und viel umfassender ein. Wichtig für eine wirklich befriedigende Bondage ist die emotionale Haltung des Aktiven und des Passiven. Da jeder Mensch andere Aspekte möglicher Erfahrungen erlebt, hier ein paar Fragen, die meiner Meinung nach hilfreich sind:

Fragen zur emotionalen Haltung:

- Was ist mein Interesse an der Bondage?
- Welche Rolle spielt die Fesselung für mich?
- Warum will ich mich gerade von dieser Person fesseln lassen bzw. diese Person fesseln?
- Was erwarte ich von meinem Partner auf der aktiven und der passiven Seite der Seile?
- Wie gehe ich mit meinen Unsicherheiten um?
- Als Passiver: Sehe ich mich als Opfer, Partner, Komplize, Gegner?

- Bin ich bereit, zu vertrauen und mich hinzugeben?
- Was wünsche ich mir von meinem Partner?
- Als Aktiver: Welche Rolle habe ich im gemeinsamen Spiel über das Technische hinaus?
- Welche Rolle soll mein passiver Partner haben?
- Bin ich bereit, das Geschenk des Vertrauens und der Hingabe anzunehmen?

Natürlich geht es auch im engeren körperlichen Sinne um Haltung. Japanische Bondage soll die Schönheit besonders des Passiven unterstreichen können. Und auch der passive Part will die Schönheit des Fesselns nicht nur spüren, sondern auch sehen im körperlichen Spiegel des Aktiven. Um sich den verschiedenen Aspekten der Haltung anzunähern, sollte man seine Technik-Übungen immer wieder unterbrechen, um auszuloten, wo man gemeinsam gerade steht und wie beide sich gerade fühlen.

Fragen während der Bondage:

- Fühle ich mich echt in der Rolle als Aktiver/Passiver?
- Bin ich als Aktiver/Passiver überfordert oder unterfordert?
- Spüre ich meinen Partner durch das Seil?
- Fließt die Energie zwischen uns hin und her?
- Wenn nicht, was behindert diesen Fluss?
- Bin ich in meinem körperlichen Zentrum oder nur im eigenen Kopf?
- Wie bewege ich mich?
- Welche Haltung habe ich gerade?
- Was will ich mit dieser Haltung ausdrücken?
- Wer kontrolliert wen womit?
- Was passiert mit Störungen?
- Wie fühle ich mich in diesem Augenblick?
- Spüre ich mein Gegenüber oder nur die Seile?
- Wie gehe ich mit dem Seil und eventuell anderen Utensilien um?
- Wie vermittle ich Anfang und Ende einer Fessel-Session?

Natürlich gibt es noch weitere mögliche Aspekte, die hier aufgelisteten Fragen sollen nur einen Anhaltspunkt geben, in welche Richtungen der Aspekt ›Haltung‹ gehen kann.

Wer sich auf diese Überlegungen einlässt, begibt sich natürlich tiefer in das Geflecht aus Emotionen und Gespür und damit weiter als nur auf eine technische Ebene. Und nur so kann dann aus dem Shibari (der Technik) Kinbaku (das Gefühl welches durch den richtigen Gebrauch des Seiles erzeugt wird) werden.

Alles über Seile

6.1. Arten von Seil – wie man damit umgeht, wie es behandelt wird und mehr ...

In der japanischen Bondage-Tradition gibt es eigentlich nur zwei Arten von Seil, die als Standard anerkannt sind: Hanf- oder Juteseil (5 bis 6 mm Durchmesser, dreischäftig oder als neue Variante mit höherer Bruchlast auch vierschäftig gedreht). Einige japanische Hersteller von Juteseil legen in die Stränge einen Rayon-Faden, der größere Reißfestigkeit gewährleisten soll.

Das meiste in Europa verkaufte Seil wird auch hier hergestellt. Dafür gilt dann auch die DIN-Norm für gedrehte Hanf- und Juteseile (DIN EN 1261), die für 6-mm-Seil (dreischäftig fest gedreht) eine Bruchlast von 260 Kilopond vorschreibt.

Von der Rolle als Meterware gekauft sind Hanf und Jute ziemlich preiswert. Am anderen Ende der Preis-Skala ist original japanisches Seil, das über einige ausgewählte Verkaufsstellen zu erwerben ist. Nach meiner Einschätzung unterscheiden sich gutes japanisches Seil und gutes europäisches Seil in Qualität und Handhabung nur unwesentlich, das japanische Seil gibt aber sicher vom Gefühl her etwas mehr her. Zu beachten ist, dass japanisches Seil durch die lockerere Verdrehung der Seilstränge deutlich elastischer, leichter, aber auch empfindlicher ist. Außerdem gibt es bisher keine definitive Bestätigung, dass das japanische 6-mm-Seil, das eher einen Durchmesser von 5,5 mm hat, eine fest definierte Bruchlast hat. Aus Sicherheitsgründen sollte man daher für das Haupthängeseil lieber europäisches Normseil verwenden.

Andere Durchmesser als 5 bis 6 mm sind auch vorstellbar, wobei dünneres Seil von einigen Fesslern für Kopf-Bondages genommen wird (dies ist eher eine Frage der Ästhetik), dickeres Seil erweist sich bei japanischen Bondages schnell als unhandlich, da etwa Wicklungen und Knoten viel voluminöser ausfallen.

Denjenigen, die es eher exotischer mögen und etwa Sisal- oder Kokos-Seil benutzen möchten, begegnet häufig das Problem der Hautirritation, da diese Art von Seilen viel rauher als Hanf oder Jute ist. Außerdem ist die Bruchlast dieser Seile deutlich geringer, daher sind diese für Hänge-Bondages nicht geeignet.

Natürlich ist es auch möglich Seile aus Baumwolle (keine definierte Bruchlast – daher nicht für Hänge-Bondages) oder Kunst-faser zu benutzen.

Welches Seil wofür?

Material	Dicke (mm)	DIN-Norm Bruchlast	Bondagegeeignet für:
Europ. Hanf	3	undef.	Gesichts-Bondage, Genital-Bondage
	4	undef.	Gesicht, Genitalien, Zier-Bondage
	5	200 kp	Körper-Bondage
	6	260 kp	Alle Bondages inkl. Hänge-Bondage
	8	320 kp	Eigentlich zu dick, aber als Hängeseil in Ordnung
Europ. Jute	wie Hanf (siehe oben, europäischer Hanf)		
Japan. Hanf	5	undef.	Körper-Bondage
	6	undef.	Körper-Bondage
Japan. Jute	5	undef.	Körper-Bondage
	6	undef.	Körper-Bondage
Baumwolle (mit Seele)	6	undef.	Körper-Bondage
	8	undef.	Körper-Bondage
Baumwolle (ohne Seele)	8	undef.	Körper-Bondage
Reepschnur	6	1000 kp	Alle Bondage inkl. Hänge-Bondage
	8	1800 kp	Alle Bondage inkl. Hänge-Bondage
Sisal und Reisstroh	unterschiedl.	undef.	Nur Zier-Bondage

Wer nicht gleich fesselfertige Seilsets kaufen und sein Hanf- oder Juteseil selbst so vorbereiten will, dass es anschmiegsam und weich ist, muss einiges an Zeit und Energie aufwenden, hat aber dafür Seile, zu denen man ein sehr persönliches Verhältnis hat.

Man sollte sich vorher überlegen, ob einem die eigene Lust am Fesseln diesen Aufwand wert ist.

Bei der Auswahl des richtigen Seils sollte man sich von seinen Sinnen leiten lassen, denn Hanfseil riecht anders als Seil aus Jute, es fühlt sich anders an und sieht anders aus.

Für diejenigen, die sich ihre persönlichen Seile selbst machen wollen, habe ich hier ein paar Tipps zusammengestellt.

6.2. Möglichkeiten der Seilbehandlung

Diese Methode sollte man bei sehr fest gedrehtem und hartem Hanf-Seil verwenden. Zuerst prüft man das Seil auf grobe Verunreinigungen (Spelzen und andere Pflanzenreste entfernen) und Unregelmäßigkeiten (unregelmäßig gedrehte Stücke nicht benutzen). Wenn man das Seil ungeschnitten weich kocht, hat man hinterher ein ziemliches Wirrwarr, das sich bei nassem Seil schwer entwirren lässt, denn das Seil wird durch die Wasseraufnahme starrer, dicker und kürzer. Daher sollte man das Seil als erstes konfektionieren, das heißt, dass man das Seil in Stücke schneidet, welche die gewünschte Länge haben. Die Enden des Seils werden mit einem einfachen Überhandknoten gegen ein Aufdröseln der Seilstränge gesichert. Die geknoteten Enden bilden so eine Art Knopf, der fixiert werden kann, sobald Seillagen eine Art Knopfloch bilden, durch den der Knoten dann geschoben werden kann.

Die Standardlänge für Seile, die ich in meinen Bondage-Sets benutze, beträgt gut acht Meter, also etwas mehr als traditionelle acht Meter, wobei sich hier in den letzten Jahren eine gewisse Flexibilität entwickelt hat. Manch japanischer Fessler hat daher auch ein paar kürzere Seile in seinem Set, weil das gerade bei Performances oder Fotoshootings praktischer sein soll.

Es gibt zwei Philosophien, nach denen man die Länge des Seils bemessen kann. Bei der einen geht man von dem Passiven aus. Hier gilt, die Seillänge eines Seils sollte bei doppelt gelegtem Seil ausreichen, um eine Handfesselung hinter dem Rücken zu machen und dann noch zwei Mal das Seil um Oberkörper und Arme führen zu können. Dabei sollte noch genug Seil übrig sein, um das Ende zu befestigen.

Die andere Philosophie (die eher der japanischen Tradition entspricht) geht vom Aktiven aus, der in der Lage sein soll, die Seile möglich schnell und effizient zu bewegen. Wenn man das doppelt gelegte Seil nochmal doppelt nimmt, das Seil zwischen den gestreckten Armen hält von Mittelfingerspitze zu Mittelfingerspitze, dann passt das 8-Meter-Seil genau dazwischen. (Diese veraltete Maßeinheit – von Fingerspitze bis Fingerspitze bei ausgestreckten Armen – nennt sich Klafter und wurde etwa in der Forstwirtschaft verwendet). Damit kann der Aktive also mit zwei Armbewegungen fast das ganze Seil durchziehen, was sich natürlich auf die Schnelligkeit des Fesselns auswirkt.

Sobald das Seil in den gewünschten Längen zugeschnitten und verknotet ist, sollte man es locker aufwickeln wie ein Lasso. Jetzt kommt das Seil in einen möglichst großen Topf in dem es etwa drei Stunden mit genügend heißem Wasser gekocht wird. Den Wasserstand sollte man regelmäßig kontrollieren, damit das Seil nicht anbrennt. Zur Not muss man Wasser nachfüllen. Gegen den strengen Geruch hilft ein offenes Fenster und eine geschlossene Küchentür.

Bei nicht ganz so starren Seilen (Tipp zum Testen: Wenn man mit dem Seil problemlos feste Knoten , die sich leicht öffnen lassen, machen kann oder bei einem schnellen Durchziehen durch die Hand die Haut nicht gleich heiß wird, dann ist das Seil nicht ganz so starr) reicht statt des Kochens im Topf der Kochwaschgang in der Waschmaschine. Damit es sich nicht verheddert, sollte man das Seil aufgerollt in einen Wäschebeutel oder einen alten Kopfkissenbezug packen. Gute Erfahrungen habe ich mit mildem Waschmittel gemacht. Hanf-Seil wird übrigens durch das Waschen heller. Das Seil muss in Ruhe trocknen, am besten bei Raumtemperatur. Das kann bis zu fünf Tagen oder länger dauern. Auch wenn es sich nach zwei Tagen außen trocken anfühlt, ist es innen immer noch feucht. Um die Spannung in den Seilwindungen zu erhalten, bietet es sich an, das Seil auf Zug aufzuspannen. Das kann man machen, indem man es um Stuhl- oder Tischbeine wickelt und, sobald es während des Trocknungsprozesses durchhängt, wieder nachspannt.

Nach dem Trocknen nimmt man sich einen kleinen Gasbrenner (Gasherd, Gasfeuerzeug) oder Campingkocher (auf Standsicherheit achten). Die Flamme sollte auf Minimum eingestellt sein. Jeweils 30 bis 40 cm des Seils zwischen den Händen spannen und in mittlerem Tempo durch die Flamme ziehen. Die oberflächlichen feinen Hanfpartikel werden abgebrannt, das Seil selbst darf nicht anbrennen. Dabei sollte man gut lüften. Das Seil jetzt mit einem feuchten Lappen abreiben und trocknen lassen. Jetzt nimmt man Babyöl, Neo-Ballistol, Nerzöl oder ein ähnliches nicht verharzendes Öl und reibt jeweils ein paar Tropfen (einfach auf ein Baumwolltuch geben) in das Seil ein. Während dieser Prozedur kann man nochmal auf herausstehende Spelzen achten, die man restlos am besten mit einer Pinzette entfernen sollte. Jetzt ist das Seil gebrauchsfertig und muss nur noch ›eingewohnt‹ werden.

Als nächsten Schritt sollte man das Seil doppelt nehmen und es so irgendwo befestigen. Wer Seilzöpfe machen kann, kann dies stattdessen tun. Dann dreht man das Seil so fest es geht zusammen. Dabei kann man einen Kochlöffel oder ähnliches als Drehhebel benutzen. Diese Prozedur wiederholt man in der anderen Richtung. Jetzt das Seil durch einen Karabinerhaken oder eine Öse mehrmals unter möglichst großem Zug hin und her bewegen. Noch besser als einfaches durchziehen ist es, es in einer Doppelschlaufe durch die Öse laufen zu lassen. Durch häufigen Gebrauch wird es noch anschmiegsamer und weicher.

Die quasi trockene Methode bietet sich nur bei sehr weichen Hanfseil-Sorten und bei allen Jute-Seilen an. Manche Seilsorten sind so weich, dass man sie auch im Fesseln ›einwohnen‹ kann.

Ich empfehle dennoch neu gekauftes Seil von der Rolle sollte vor Benutzung am menschlichen Körper gewaschen werden. Damit kann man sicher sein, dass Schmutz oder Chemikalien, mit denen das Seil behandelt wurde, entfernt werden. Waschen kann man das Seil bei 60 Grad mit Feinwaschmittel in der Waschmaschine. (Die weiteren Schritte wie oben beschrieben.)

Sollte das Seil mal verschmutzt sein, kann man es wieder in der Waschmaschine waschen. Danach gut durchtrocknen lassen, nochmal abflämmen und ölen. Seil, das durch den Schritt oder durch den Mund des Gefesselten gezogen wurde, kann man auch einfach im Handwaschbecken mit etwas Flüssigwaschmittel waschen.

Mir ist klar, dass das alles sehr aufwendig klingt, aber das Ergebnis wird jeden entschädigen, der diese Prozeduren auf sich nimmt. Von der Weichheit fühlt sich Hanfseil nach der Behandlung eher wie grobe Schurwolle an und ist damit kuscheliger als jedes Nylon- oder Baumwollseil. Man kann es sehr schnell durch die Hände gleiten lassen oder am Körper des Bondage Opfers entlang, ohne dass es sofort zu Seilbrand (oberflächlichen Abrieb-Verbrennungen der Haut) kommt.

Tipp: Um das Seil nach einem Kontakt mit Körperflüssigkeiten zu sterilisieren, kocht man es in einem Schnellkochtopf, der eine höhere Kochtemperatur erreicht, etwa 45 Minuten. Danach die übliche Trockenprozedur durchführen und eventuell etwas nachölen.

Blut entfernt man indem man das Seil möglichst umgehend für 3 Stunden in kaltes Wasser legt und es dann lauwarm auswäscht. Bei Wachsflecken nach Kerzen-Spielen benutzt man möglichst heißes Wasser, um das Wachs weich zu machen. Danach kann man die Reste mit einer Pinzette entfernen.

6.3. Aufbewahrung und Pflege

Seil zum Fesseln ist für die meisten Leute mehr als einfach nur irgendein Seil. Manch japanischer Fessler ist sogar der Meinung, dass man das Fessel-Seil ehren müsse. Daher verbietet es sich, das Seil nach Benutzung in einem wirren Knäuel für die nächste Fesselung liegen zu lassen. Da Hanf- und Jute-Seile Naturprodukte sind, mögen sie es nicht, wenn man sie zu lange in der Sonne liegen lässt. Auch zu große Temperaturunterschiede wirken sich nachteilig auf die Seilstruktur aus. Und wenn man das Seil feucht in eine Plastiktüte packt, kann es zu schimmeln anfangen.

Am sinnvollsten ist es daher, das Seil nach Gebrauch aufzuschießen, das heißt aufzuwickeln, und es zusammen mit dem restlichen Set in einem Baumwollbeutel gegen Staub geschützt aufzubewahren. Man kann sich natürlich auch eine Hakenleiste an die Wand dübeln, an der dann die Seile einzeln griffbereit hängen. Manch einer hat auch eine Seiltasche, weil man das Seil ja auch mal auf Partys mitnimmt und es in der Seiltasche gut aufbewahrt ist für die nächste Fessel-Session.

Nach ausgiebigem Fesseln sollte man sich seine Seile sehr genau anschauen, denn manchmal reißen einzelne Fasern oder aber die Seile bekommen eine ungleichmäßige Struktur. Sobald ein Seil auch nur den Ansatz eines Schadens hat, darf es nicht mehr als Haupthängeseil verwendet werden. Bondage am Boden kann man natürlich auch mit leicht geschädigtem Seil machen. Nach meiner Erfahrung lebt ein regelmäßig stark durch Suspensions beanspruchtes Seil etwa ein Jahr, danach ist es nicht mehr sicher und sollte gegen Neuware ausgetauscht werden, auch wenn noch keine sichtbaren Fehler zu sehen sind.

Bei locker gedrehtem Seil wie etwa japanischer Jute kann es passieren, dass die drei Seilstränge, aus denen das Seil gedreht ist, kurz vor den Endknoten ungleichmäßig werden. Das sieht dann nicht so toll aus, ist aber eigentlich kein Stabilitäts-Problem, denn die Enden sind meist am wenigsten belastet. Man kann dieses Problem beheben, indem man den Endknoten öffnet, das Seil so verdreht, dass es wieder gleichmäßig ist und den Knoten neu setzt. Die dann ungleichmäßigen Enden der Seilstränge sollte man mit der Schere angleichen.

Standard-Seile: 6 mm Hanf, 6 mm Jute jeweils europäisches DIN Norm Seil, 5 mm japanisches Juteseil (man beachte die lockereren Windungen).

Die Seilenden sind mit einem einfachen Knoten gegen ein Aufdrehen gesichert. Dieser Knoten wird während der Bondage wie ein Kopf benutzt.

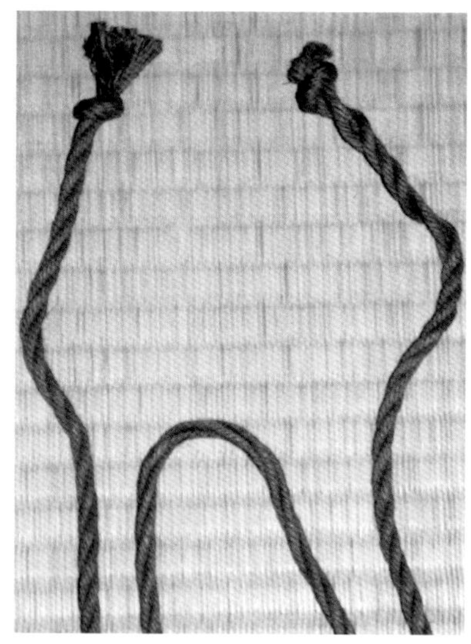

Besonders japanisches Juteseil neigt dazu an den Enden ungleichmäßig zu werden, rechtes Ende, so sollte es aussehen, linkes Ende ungleichmäßig.

Drei Bespiele wie unterschiedlich die Enden nach längerer Benutzung aussehen können. Am besten Knoten öffnen und neu setzen, ungleichmäßige Enden abschneiden.

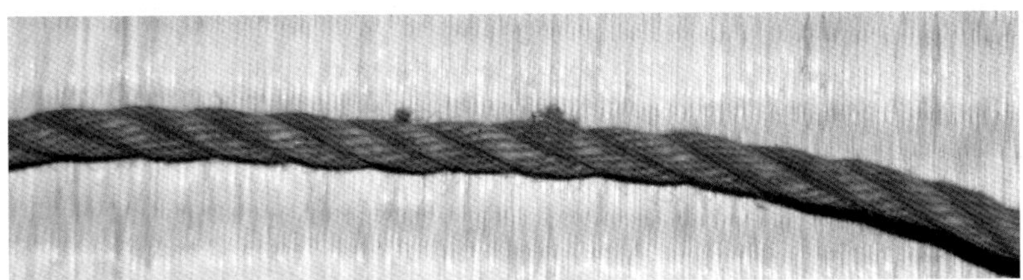

Problematischer sind kleine Einrisse in den Strängen, das Seil sollte nur noch für Fesseln am Boden genutzt werden.

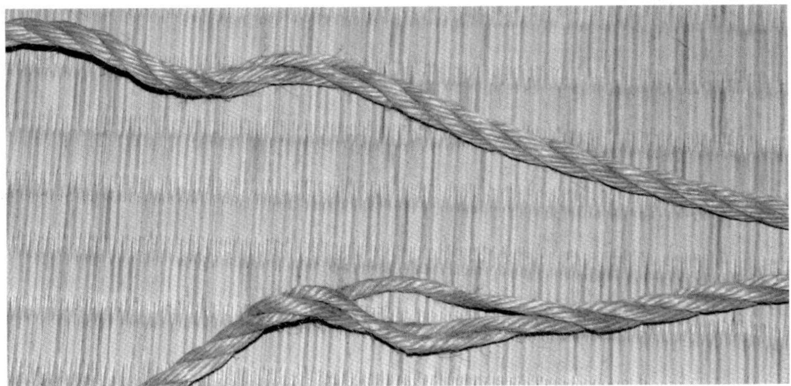

Wenn die Stränge so aussehen, wie auf dem unteren Seilende, kann man das Seil nur noch entsorgen.

Bondage-Physik

Dass es wichtig ist, bei einer Hänge-Bondage (Suspension) einen wirklich stabilen Ankerpunkt zu haben, ist eigentlich jedem klar.

Doch was bedeutet das genau? Welche Kräfte wirken bei einer Hänge-Bondage auf das Seil und damit auch auf den Ankerpunkt, an dem alles aufgehängt ist? Man muss unterscheiden zwischen dem ruhenden Gewicht (das Modell hängt still) und dem bewegten Gewicht (das Modell wird hochgezogen, es schaukelt oder zappelt). Nehmen wir mal an, das Modell wiegt 70 kg. Dann hängt es zwar mit nur 70 kg (was etwa einem Zug von 70 kp entspricht, denn hier handelt es sich ja um Kräfte und nur im übertragenen Sinn um Gewicht, auch wenn wir der Einfachheit halber dabei bleiben) still im Seil, aber wenn es sich bewegt oder der aktive Partner mit ihm einen Stellungswechsel vollzieht, muss man dieses Gewicht bis zum Dreifachen erhöhen. Also hat man ganz schnell in diesem Fall um die 200 kg Gewicht an dem Seil, an dem das Modell hängt. Diese Erhöhung gilt besonders während eines ruckartigen Hochziehens oder Herablassens. Und wenn sich der Aktive auch noch mit in die Seile hängt, so muss sein Gewicht mitgerechnet werden, und es kann kurzfristig zu einer Zugbelastung von bis zu 400 kg auf das Seil kommen. Das genormte 6-mm-Hanfseil hat eine Bruchlast von 260 kp (entsprechend einem angehängten ruhenden Gewicht von 260 kg) und da kann man dann schon sehen, dass es knapp werden kann. Auch wenn das Seil doppelt genommen wurde und mehrfach auf und ab geht und so die einzelne Seillage entlastet wird, so sollte man sich immer vergegenwärtigen, welche Kräfte auf das Seil wirken. Dabei hilft nur sauberes Fesseln und eine Gewichtsverteilung auf mehr als das (doppelt genommenes) Hängeseil, damit man auf Nummer Sicher geht. Grundsätzlich gilt die Spielregel, dass man das Zug- bzw. Hängeseil immer mindestens doppelt nimmt, damit man noch auf der sicheren Seite bleibt. Auch wenn die Belastung bei der das Seil wirklich reißt etwa anderthalbmal so hoch wie die angegebene Bruchlast ist, so ist die offizielle Arbeitslast doch deutlich niedriger als die 260 kg.

Das heißt, eine sichere Befestigung an der Decke oder dem Bondage-Gestell sollte mindestens 300 kg tragen können, noch besser wäre es, wenn sie auf mindestens 500 kg ausgelegt wäre.

Noch krasser kann die Belastung des Hängepunktes werden, wenn man das Hängeseil nicht direkt an einem in der Decke oder einem Balken befestigten Haken oder Karabiner einhängt, sondern z.B. an einer waagerecht verlaufenden Kette. Wenn diese Kette sehr stark gespannt ist, so wirken deutlich höhere Kräfte auf sie. Bei einer Kette, die so straff gespannt ist, dass sie (wenn das Modell dranhängt) nur ein Gefälle von 1% hat, erhöht sich das Zuggewicht um den Faktor 50. Dann sind es also nicht 200 kp Zug durch das bewegte Modell, sondern 10.000 kp, die auf die Kette wirken – und damit auch auf ihre beiden Endpunkte, an denen sie verankert ist. Daher ist von dieser Art der Hängebefestigung abzuraten. Wenn man die eigentliche Hänge-Bondage an einer horizontal verlaufenden Kette (oder einem Seil) aufhängt, sollte diese immer so stark durchhängen, dass keine starken Spannkräfte auftreten. Bei 10% Gefälle erhöht sich das Zuggewicht nur um den Faktor 5. Bei 25% Gefälle nur noch um den Faktor 2.

Eine fest installierte Hängevorrichtung, an der eine Suspension (Hänge-Bondage) unter Performance-Bedingungen sicher gemacht werden kann, muss folgende Spezifikationen aufweisen: Erlaubte Arbeitstraglast: 500 kp (mindestens) – Bruchlast nach DIN-Norm mindestens 1.500 kp. Hierbei kann es sich um eine Traversen-Konstruktion, wie sie im Messebau verwendet wird oder um ein massives Bondage-Gestell handeln mit einem oder mehreren Querbalken (Holz oder Stahl, frei stehend oder in den Raum gebaut und mit der Wand verschraubt). Auch möglich sind in massivem Untergrund (Beton etc.) eingebrachte Schwerlast-Dübel (keine Plastik-Dübel) mit einem entsprechend fachgerecht angebrachten (verschweißten) Ring, die Materialstärke der Schraube sollte dabei mindestens 10 mm (besser 12 mm) sein.

Natürlich geht auch die Befestigung per Seil an einem T-Träger oder einem frei liegenden Deckenbalken (der auf Stabilität geprüft sein muss), dabei ist darauf zu achten, dass deren Kanten manchmal sehr rau sind und man diese glätten bzw. polstern sollte.

Eher ungünstig sind Decken in Altbauten, denn hier kann man zwar unter Putz liegende Balken finden, aber da sie unsichtbar sind, kann man ihre Stabilität nicht überprüfen.

Hier das Wichtigste noch mal kurz gefasst:

1. Das Hängeseil sollte nach Möglichkeit an einer vertikalen Hängevorrichtung oder an einer stark(!) durchhängenden Kette (oder Seil) befestigt sein.
2. Aus Sicherheitsgründen das Haupthängeseil mindestens doppelt nehmen.
3. Nur genormtes Seil als Haupthängeseil nehmen.
4. Niemals fremdes Seil für eine Suspension benutzen, denn hier weiß man nie, woher es stammt und wie gut es ist.

P.S.: Baumwollseile sind für Hänge-Bondage nicht geeignet. Für eine Suspension sollte nur genormtes Hanf-, Jute oder Kunststoffseil genommen werden, wobei letzteres sich einfach nicht so gut anfühlt, daher würde ich eher von Kunstfasern ganz allgemein abraten, es sei denn man benutzt dieses Seil als reines Haupthängeseil.

Grundlagen und Wissenswertes

8.1. Bondage-Anatomie

Die folgenden Anmerkungen sollen nicht zur Abschreckung dienen, sondern jedem, der Bondage praktiziert, zeigen, wie man Unfälle vermeidet. Schließlich muss einem ja jemand sagen, dass der Topf heiß ist, bevor man ihn mit bloßen Händen von der Kochplatte nimmt und sich verbrennt. Ganz allgemein vertragen alle Stellen, an denen der Puls fühlbar ist, keinen direkten, länger andauernden, punktuellen Druck. Besonders riskant sind aus nahe liegenden Gründen Kehle und Halsvorderseite. Daher darf ein Seil NIEMALS vorne um den Hals geschlungen werden.

Bei Fesselungen, die den Nacken mit einbeziehen, sollte bedacht werden, dass ein Zug nach vorne einen seitlichen Druck auf die Halsvene ausüben kann. Gerade bei stehenden oder hängenden Personen kann dies den Carotis Sinus Venen Reflex (CSV-Reflex) auslösen, der zu sofortiger Bewusstlosigkeit führt.

Erste-Hilfe-Maßnahme bei Bewusstlosigkeit:
Person sofort hinlegen, Beine hoch lagern, alle einengenden Bondage-Utensilien besonders an Hals und Oberkörper sofort entfernen (eventuell mit bereitliegender Verbandschere oder EMT-Schere und nur notfalls mit einem Messer die Seile zerschneiden – Achtung bei Klingen, nur wenige Spezialmesser wie etwas Fallschirmmesser haben eine stumpfe Spitze). Ein Handtuch mit Eiswürfeln füllen oder mit kaltem Wasser nass machen und in den Nacken legen.

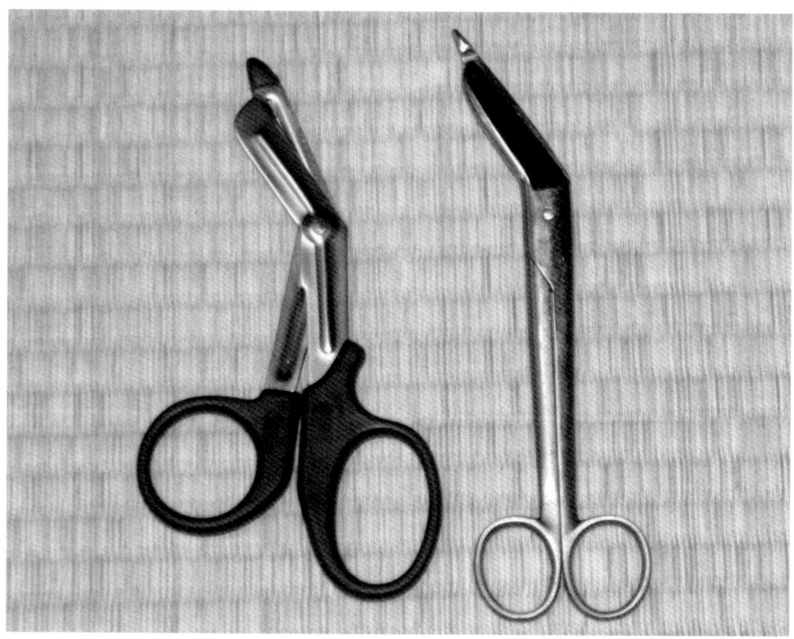

Scheren – EMT-Schere und normale große Verbandschere (die kleine aus dem Auto-Verbandskasten ist zu stumpf um Seil mit einem Schnitt durchzutrennen.

Sollte die Bewusstlosigkeit länger als ein paar Sekunden andauern, den Betroffenen in die stabile Seitenlage bringen und den Notarzt (112 – Notfall-Telefonnummer) verständigen. Wenn der Druck vom Hals nicht sofort entfernt wird, kann es zum Tod kommen. (Dies ist eine oft unterschätzte Gefahr bei Leuten, die sich selbst fesseln, denn hier gibt es keinen, der bei einer Ohnmacht die Schlinge vom Hals ziehen kann.)

Andere gefährdete Stellen sind die Achselhöhlen, der innere Oberarm, das innere Handgelenk und der obere Bereich des Handgelenks mit der relativ empfindlichen Daumensehne (daher nach Möglichkeit die Hände mit den Handflächen nach innen zusammenfesseln), der innere Ellenbogen, die Leistenbeuge, die Knierückseite und die Achillessehne. In diesen Bereichen laufen neben den Blutgefäßen häufig auch empfindliche Sehnen und Lymphstränge.

Bestimmte Nerven werden besonders bei Hänge-Bondages durch Druck belastet:

An der Hand – Nerv in der Grube zwischen Handgelenk und Daumenballen außen – Gefahr von Taubheit im Daumen – Handgelenk-Fesselungen sollten nicht zu viel Druck auf diesen Punkt ausüben, daher beim Fesseln darauf achten, dass der Seilzug eher in andere Richtungen geht.

Am Ellbogen der Ulnaris Nerv – zu finden an der Ellbogeninnenseite – zu viel Druck hier kann zu einer kraftlosen Hand führen – eher lockeres Fesseln der Ellenbogen aneinander, dabei ist zu beachten, dass die meisten Menschen nicht elastisch genug sind, dass es ihnen möglich ist, die Ellenbogen hinter dem Rücken zusammen zu bekommen.

Nervus Radialis – der Nerv läuft durch den gesamten Arm, gefährlich wird es besonders im Bereich zwischen Schultermuskel und Bizeps – Gefahr einer Fallhand (Hand hängt kraftlos nach unten) – regelmäßiges Überprüfen der Kraft in den Händen und Handgelenken, indem man dem Gefesselten die Hand gibt, und ihn bittet, die Hand nach oben und unten mit Gegendruck zu bewegen. Ärgerlicherweise merkt man keine anderen Vorzeichen eines Problems wie Kribbeln oder Taubheit. Und auch, wenn der Test keine Probleme mit dem Heben und Senken der Hand ergibt, kann es nach Lösen der Fesselung dennoch zu einer kurzfristigen Fallhand kommen.

Entscheidend ist nicht nur die Stärke, sondern auch die Dauer des Drucks auf einen Nerv. Schwierigkeiten, die bei einem kurzfristigen Druck (von 2 bis 5 Minuten) enstehen, bilden sich meist innerhalb von ein paar Stunden zurück. Probleme, die nach längerer Belastung auftreten, können zu einer wochenlangen Rekonvaleszenz des betroffenen Nerven führen. Daher ist es sinnvoll beim ersten Anzeichen einer Komplikation sofort den Druck von der betroffenen Stelle zu entfernen.

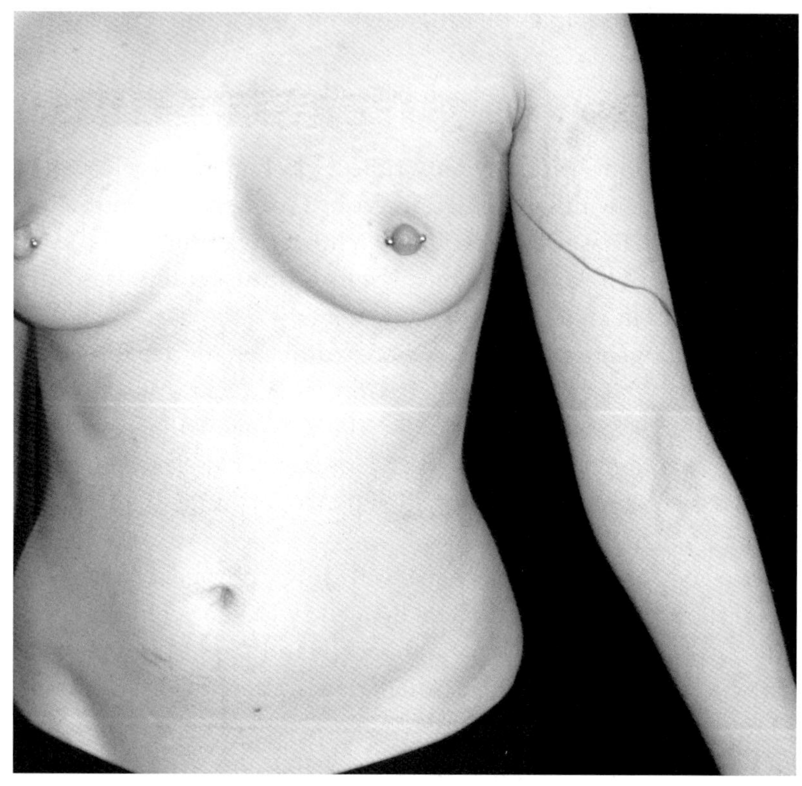

Möglicher Verlauf des Radialnerven am Arm von vorne ...

Um den möglichen Druck auf Nerven abzumildern, kann man die Fesselungen etwa an den Hand- oder Fußgelenken polstern, z.B. durch Schaumstoffpolster, Schweißbänder oder Handtücher.

Auch ein dicker Knoten in einem sonst nicht zu straffen Seil kann an den empfindlichen Körperstellen zu Problemen führen.

Sollte es trotz aller Kontrolle doch einmal zu einer Nervenreizung oder -quetschung kommen, weil das Seil zu eng am Körper gelegen hat, sollte man diese Stelle gleich mit einem Eisbeutel kühlen. Nervenreizungen können sehr unangenehm sein und zu Taubheitsgefühlen in der betroffenen Extremität führen, die manchmal mehrere Tage und sogar Wochen anhalten können.

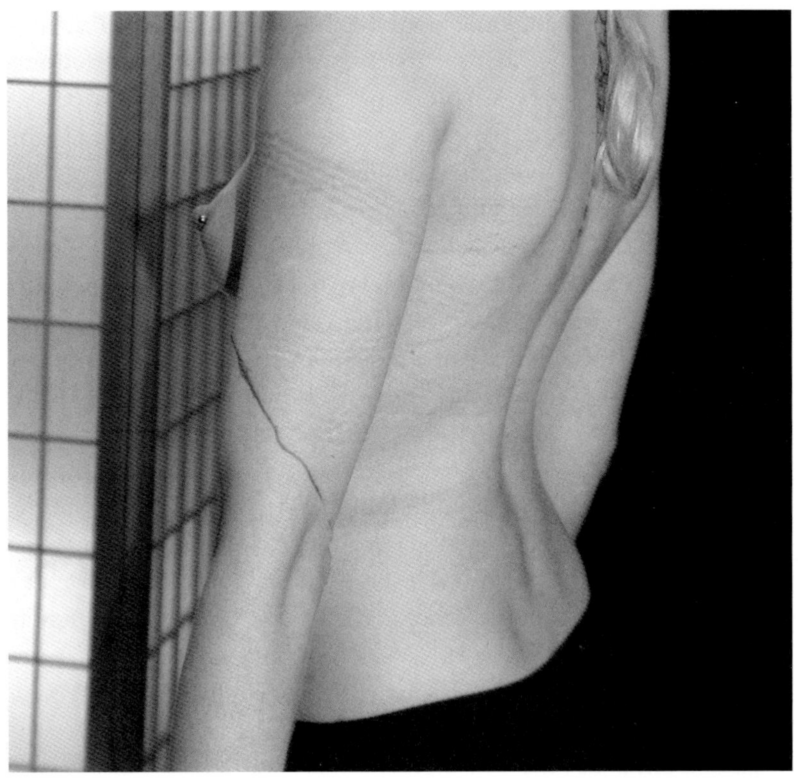

... und von der Seite.

Bei Fesselungen im Stehen, besonders wenn die Arme nach oben gestreckt sind oder auch bei Hängefesselungen mit dem Kopf nach unten, kann es zu Kreislaufproblemen kommen. Menschen mit niedrigem Blutdruck oder eher große Menschen neigen oft mehr zu Kreislaufproblemen. Deswegen ist darauf zu achten, dass die gefesselte Person nicht unkontrolliert umfallen kann. Wenn in einem Einstiegsgespräch abgeklärt wurde, dass die Person, die gefesselt werden soll, schon früher Kreislaufprobleme hatte, sollte die- oder derjenige lieber im Liegen oder Sitzen gefesselt werden um schon von vornherein mögliche Probleme auszuschließen. Anzeichen für Kreislaufprobleme sind: Hautblässe, kalter

Schweiß auf dem ganzen Körper, flaches kaum wahrnehmbares Atmen, verminderte Ansprechbarkeit (das kann etwa bedeuten, dass Rückmeldungen ausbleiben). Verhalten wie oben (CSV-Reflex) mit sofortigem Befreien und Hinlegen der Person, Hochlagerung der Beine, eventuell stabile Seitenlage.

Durchblutungsstörungen können auch gewollt oder ungewollt in eingeschnürten Gliedmaßen auftreten. Kurzfristiger Rückstau des Blutes in den Venen kann manchmal ganz spannend sein (z.B. am Penis), aber auch schnell problematisch werden. (Bei Menschen mit einer Neigung zu Krampfadern in den Beinen kann ein Rückstau zu einer Verschlimmerung führen. Im schlimmsten Falle ist sogar ein Gefäßverschluss möglich, daher die Seile bei Krampfadern nicht direkt über die sichtbaren Krampfadern laufen lassen.) Anzeichen für einen Blutstau sind bläuliche Verfärbung der Haut, kühle Haut, Taubheitsgefühle, Kribbeln oder Stechen. Maßnahmen: Sofort die Fessel lösen und den betroffenen Körperteil sanft massieren. Bei Krampfaderbildung den Arzt aufsuchen und vorher abklären.

Neben den streng medizinischen Spielregeln hier noch ein paar eher subjektiv geprägte Hinweise:

Zuerst ein paar Anmerkungen zum Abbinden des Penis und/oder der Hoden. Es gibt eine ganze Menge Männer, die darauf stehen. Das Abbinden oder Einschnüren des Penis reduziert den Rückfluss des Blutes und kann zu einer verlängerten Erektion führen. Das ist häufig angestrebt und kann sehr aufregend sein. Wenn ein Penis zu lange abgebunden bleibt, kann das mit der Zeit recht schmerzhaft werden. Eine Entscheidung, wann die Fessel entfernt werden soll, sollte sich nach dem Bedürfnis des Gefesselten richten, aber wenn es zu einer Blaufärbung des Gewebes kommt, würde ich zu einem baldigen Entfesseln raten.

Manche Männer mögen es, viele Frauen hassen es: abgebundene Brüste. Das mehr oder weniger feste Umwickeln der Brüste mit Seil sensibilisiert die Brusthaut und besonders den Nippel. Gleichzeitig kann der ausgeübte Druck auf den Drüsenkörper sehr schmerzhaft und unangenehm sein. Als Folge auftretende völlig unerotische, schmerzhafte Reizungen des Drüsenkörpers können äußerst langwierig verlaufen. Manche Frauen haben auch ein ästhetisches Problem mit abgebundenen Brüsten, die vielleicht durch den Blutstau in der Oberhaut noch blau anlaufen. Ein guter Aktiver sollte darauf Rücksicht nehmen.

Jemanden nackt in einem kühlen Schlafzimmer zu fesseln, zeugt nicht von sonderlich gutem Stil. Gerade bei Frauen kann es neben einer Erkältung, wie man sie sich bei Unterkühlung gerne mal einfängt, auch zu einer Blasenentzündung oder gar einem aufsteigenden Harnwegsinfekt kommen. Da eine Bondage-Session für die meisten Leute sehr aufregend ist, verlieren die Passiven manchmal das Gefühl dafür, dass ihnen kalt ist. Daher gehört es in die Verantwortung des Aktiven darauf zu achten, dass der Raum immer gut beheizt ist und dass die Person nicht friert. Auch wenn es optisch nicht immer überzeugt: Ein paar dicke Skisocken oder das Anbehalten der Schuhe hat schon so manche Blasenentzündung verhindert. Achtung: Heizlüfter sollten nie dichter als 1 Meter neben einer gefesselten Person stehen. Was immer mal gerne gemacht wird, weil es so schön ist: Erst fesseln und dann jemanden auf dem Teppichboden durchvögeln. Bei der Bewegung, die dadurch entsteht, kann es auf der Haut der unten liegenden Person zu unangenehmen Verbrennungen durch die Reibung kommen. Man sollte dann lieber für eine glatte Unterlage sorgen, wie z.B. ein Laken oder eine Wolldecke.

Bei längeren Fesselungen, wie jemanden die ganze Nacht gefesselt schlafen lassen, kann es zu Druckstellen bis hin zu Druckgeschwüren kommen. Das wird besonders dadurch gefördert, dass jemand auf einer nicht saugfähigen Unterlage liegt, wodurch der Schweiß sich an den Auflagestellen sammelt. Vermeidbar ist das, wenn man dem Körper erlaubt, immer mal wieder seine Lage zu verändern oder indem man die Bondage mal nicht auf seinem Lieblingsgummilaken macht.

Hautabschürfungen sollte man desinfizieren und mit Pflastern abdecken. Oberflächliche Druckstellen kann man mit einer kühlenden Sportsalbe verarzten. Allgemein ist noch zu beachten, dass

Foto: Paula Celine

Fesseln bei einer Lageveränderung ihren Druck auf den Körper verändern können. Das soll heißen, dass man die Enge der Fesseln sobald sich das Modell bewegt hat, regelmäßig kontrollieren muss, damit sie nicht unerwartet einschneiden.

Manche Bondages zwingen den Körper in für ihn ungewohnte Stellungen. Das kann zu Überdehnungen an Gelenken und Muskeln führen. Besonders leicht kann das bei einer Ellbogen-Bondage passieren. Es können die Symptome einer Sehnenzerrung, einer Muskelzerrung oder gar einer Gelenkkapselreizung auftreten. Maßnahme: Cold- bzw. Hot-Pack, heißes Bad, wärmende oder kühlende Salben. (Ob warm oder kalt richtet sich nach dem Geschmack des Betroffenen.) Bei länger andauernden Beschwerden sollte man den Facharzt aufsuchen.

Sobald jemand wirklich in den Seilen hängt oder die Fesselung schön eng ist, gibt es Seilabdrücke auf der Haut, die bei gedrehtem Seil recht hübsch aussehen. Es kann aber auch zu kleinen blauen Flecken kommen, wenn die einzelnen Seilbahnen oberflächlich Haut einquetschen. Das kann man oft vermeiden, indem man, sobald die Fesselung fertig ist, mit dem Finger unter den Seillagen durchfährt (immer von vorne nach hinten und so, dass das Seil vom Körper abgehoben ist, damit man nicht doch noch die Haut zwischen Finger und Seil einklemmt).

Wer mal eben versucht irgendwelche exotischen Japan-Bondages, wie man sie in einem Film oder einem Foto gesehen hat, nachzumachen, kann sich vielleicht mit dem Problem eines ausgekugelten Schultergelenkes konfrontiert sehen. Hier sollte sofort ein Eisbeutel aufgelegt werden, damit die auftretende Schwellung möglichst gering bleibt und ein Einrenken möglich ist. Dann den Notarzt aufsuchen, denn Einrenkungen sollte man dem Fachmann überlassen.

Zur Erinnerung: Die Modelle in Bondage-Filmen und Heften sind Profis, die genau wissen, wo die Belastungsgrenze ihres Körpers ist. Daher ist beim ›Nachbau‹ einer Bondage, die man mal gesehen hat, erstmal Vorsicht und erhöhte Achtsamkeit geboten. Rückmeldungen des Bondage-Opfers sind IMMER ernst zu nehmen. Was der eine noch aushält, kann für den anderen schon unerträglich sein. Immerhin steckt der Aktive nicht in der aktuellen Bondage, auch wenn er oder sie vielleicht schon selbst einschlägige Erfahrungen gemacht hat. Und was dem einen kein Problem bereitet, kann sich für den anderen schon unzumutbar anfühlen.

Das ist jetzt ein ziemlicher Gruselkatalog möglicher körperlicher Bondage-Folgen gewesen. Aus eigener Anschauung weiß ich leider, dass von allen sexuellen Praktiken Bondage die Technik mit den häufigsten Unfälle ist. Diese bestehen glücklicherweise meist nur aus einer ungewollten Hautabschürfung oder einem leicht gereizten Nerv, aber auch das lässt sich bei Beachtung der Vorsorgemaßnahmen weitgehend vermeiden.

Übrigens, Bondage schützt nicht vor übertragbaren Geschlechtskrankheiten. Deswegen sollte auch bei Bondage Safer Sex praktiziert werden. Gerade wenn sich jemand nicht wehren kann, ist es ein echter Vertrauensbruch, ungeschützten Sex ohne Absprache auszuüben.

8.2. Bondage Emotionen

Fesseln ist etwas, mit dem wir alle in unserem Leben zu tun haben. Wir sind an unseren Partner oder die Familie gefesselt, fühlen uns kurz angebunden, eine Geschichte oder ein Film fesselt uns. Daher ist es nicht verwunderlich, dass auch das erotische Fesseln uns berührt, einzwängt, fest hält, einschränkt oder uns fliegen lässt.

Wie alle erotischen Techniken hat Bondage auch immer eine emotionale Komponente. Neben der Befriedigung des Bedürfnisses zu fesseln oder gefesselt zu werden, kann noch eine Menge mehr mit unseren Gefühlen passieren.

Sich nicht mehr bewegen zu können oder sich gerade auch in Fesseln zu bewegen, sich selbst in Seilen zu sehen oder die sinnlichen Reize des Seils wahrzunehmen, kann tiefe Gefühle auslösen, die uns erfreuen, aber auch erschrecken können. Berührt sein von der Erfahrung des Gehaltenwerdens, verunsichert durch die

Bewegungseinschränkung oder im Hochgefühl des scheinbar schwerelosen Fliegens in der Hänge-Bondage – Emotionen, die man teilen möchte und sollte.

Nur nach Rückmeldungen kann der Fessler sein Opfer beim nächsten Mal noch befriedigender fesseln.

Auch die Gefühle, die im Fessler hochsteigen, wenn sich sein ›Opfer‹ wie ein gefangenes Insekt im Netz seiner Seile bewegt oder versucht, sich aus den Seilen zu befreien und es vielleicht sogar schafft, sollten sich bewusst gemacht werden. Auch den Passiven interessiert, was bei dem Aktiven im Kopf abläuft und welche Gefühle präsent sind.

Gemeinsames Fesseln sollte ganz sicher nicht zerredet werden, aber Rückmeldungen, die sich nur auf den technischen Aspekt beziehen, greifen zu kurz. Natürlich ist es klar, wenn man etwas Neues ausprobieren will, dass man sich darüber austauscht, ob das so funktioniert hat, wie man es sich vorstellte. Und natürlich ist es erlaubt, das Gespräch nur über technische Aspekte zu führen, wenn es eher eine Übungs-Session war.

Doch genauso wie man vorher abklären sollte, wohin es denn nun mit der gemeinsamen Fessel-Reise gehen könnte, sollte man hinterher genug Zeit haben, um Erlebtes, Gefühltes, Enttäuschungen und Glückszustände zu artikulieren. Und selbstverständlich sollte die möglicherweise beim Fesseln aufgetretene Geilheit nicht ignoriert werden, wobei trotzdem die Sicherheit nicht zu kurz kommen darf. Eine normale Hänge-Bondage eignet sich eben nicht dazu, in dieser Stellung Sex miteinander zu haben.

8.3. Bondage-Recht

Glücklicherweise spielt das meistens keine Rolle, aber unter juristischen Gesichtspunkten betrachtet, ist jede Fesselung erstmal eine Freiheitsberaubung. Da diese aber freiwillig und mit Einverständnis des Gefesselten geschieht, ist das im Alltag nicht relevant. Dennoch ist klar, dass bei einem Konflikt zwischen

Fessler und Gefesseltem und eventuell vorhandenen Fesselspuren eine Anzeige wegen Freiheitsberaubung gewisse Chancen hätte. Das legt natürlich nahe, dass Fesseln kein Mittel der Beziehungskrisen-Bewältigung sein sollte, sondern nur dann der Lust am Fesseln gefrönt werden darf, wenn beide sich eine gemeinsame Befriedigung versprechen.

Doch Bondage kann manchmal – besonders wenn man exotische Fesselungen oder Hänge-Bondages ausprobiert – auch unfallträchtig sein. Und diese Unfälle passieren nicht nur, wenn einer oder beide nicht nüchtern sind, sondern auch weil Menschen nun mal Fehler machen.

Wenn es sich eher um Bagatellen wie Hautabschürfungen, blaue Striemen und kurzfristiges Kribbeln in den Fingern handelt, macht das noch keine Probleme. Ganz anders sieht es aus, wenn es zu richtigen Unfällen wie Stürzen oder Lähmungen kommt.

Meist gehen die Leute zum Arzt und erzählen mehr oder weniger verklausuliert, was ihnen zugestoßen ist. Und das geht dann meist ohne Unfallmeldung.

Bisher hat es meines Wissens noch keine abgelehnte Behandlung nach einem Bondage-Unfall gegeben und auch von Schadenersatzforderungen an den Fessler wegen Fahrlässigkeit habe ich noch nicht gehört. Aber ich vermute, es ist eine Frage der Zeit, bis solche denkbaren Fälle eintreten und öffentlich werden.

Mein Versuch, mein Modell und mich bei Perfomances gegen Unfälle versichern zu lassen, brachte Wochenend-Tarife zutage, die sich vielleicht ein Zirkus leisten kann, aber bei den in der Szene üblichen Honoraren hätte die Versicherung mehr als 50 Prozent davon gekostet. Und auch mit dieser Versicherung wäre unklar gewesen, ob denn gezahlt werden würde, wenn die Ursache ein von mir versehentlich falsch geknüpftes oder gelöstes Seil gewesen wäre. Und genauso gut hätte es sein können, dass die Versicherung freundlich angefragt hätte, ob denn die abgerissene Hängevorrichtung vom TÜV für Suspensions abgenommen sei. Vermutlich hätte auch hier die Versicherung nichts genutzt.

Das heißt, man bewegt sich bei Fessel-Unfällen immer in einer Grauzone, die bisher juristisch noch kaum beackert wurde. Daher gibt es auch kaum Präzedenzfälle, auf die man sich berufen könnte. Einerseits schade – aber vielleicht ändert sich das ja irgendwann. Doch andererseits würde das bedeuten, dass mehr rechtsrelevante Unfälle passieren müssten, was sich ganz sicher keiner wünscht.

Die Bondage-Techniken

Hinweis

Hier zeigen wir Schritt-für-Schritt-Anleitungen einiger Standard-Bondages. Natürlich gibt es eine Menge mehr an Sets und auch die Details des Techniken können stark oder kaum wahrnehmbar variieren. Dennoch empfehle ich gerade am Anfang sich möglichst genau an die Anleitungen zu halten, denn die gezeigten Techniken sind erprobt und helfen so ein Verletzungsrisiko zu minimieren. Es gilt außerdem, dass man eine gefesselte Person nie alleine und aus den Augen lässt, es könnte ja plötzlich eine Störung auftreten, die dann nicht mehr wahrgenommen werden kann. Besonders bei allen Hänge-Bondages ist erhöhte Aufmerksamkeit geboten. Dies gilt für den Passiven, der auf die Signale seines Körpers achten sollte, genauso wie für den Aktiven.

9.1. Bondage-Grundlagen

9.1.1. Wie man Seil aufbewahrt

Vorbemerkung
Seil kann man natürlich in einem großen Knäuel aufbewahren, aber sobald man fesseln will, ist das vorherige Entwirren recht ärgerlich. Daher ist es deutlich schlauer, das Seil ordentlich aufgeschossen (so heißt es in der Seemanns-Sprache) aufzubewahren. Bitte dabei beachten, dass Seil aus Naturfasern weder starke Temperatur-Schwankungen noch pralles Sonnenlicht über einen längeren Zeitraum mag. Es kann dadurch spröde werden und damit einen großen Teil seiner Reißfestigkeit verlieren.

Seil zusammen legen (Standard-Methode)

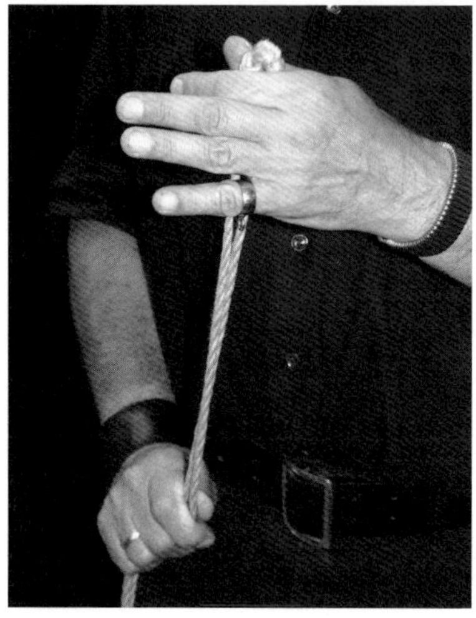

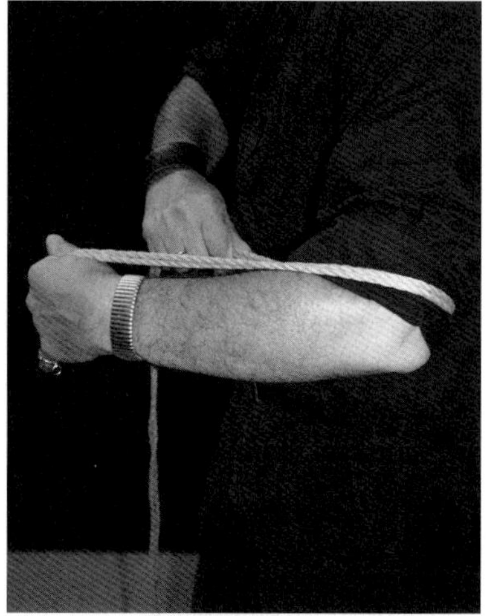

1 *Das Seil wird grundsätzlich doppelt genommen, wobei das Ende mit den Knoten der Anfang beim Aufwickeln ist.*

2 *Während man das Doppelende in der Hand behält, wird das Seil möglichst ohne Verdrehungen über den Ellenbogen aufgewickelt.*

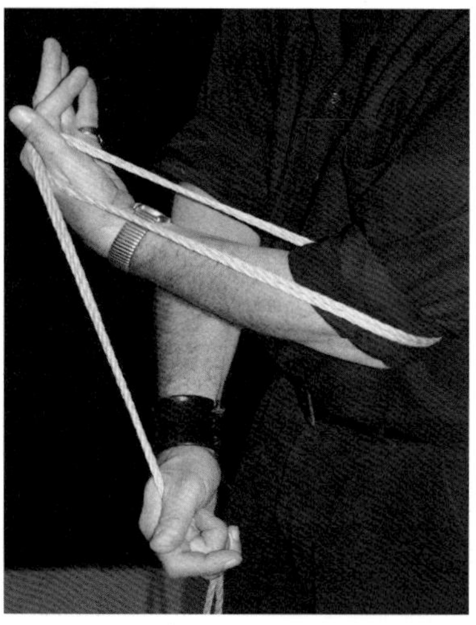

3 *Dabei hält die Hand, in der das Ende liegt, die Seillagen straff.*

4 *Ein 8-Meter-Seil wird dabei vier Mal über den Arm aufgewickelt, die Seillagen sollten parallel zueinander liegen.*

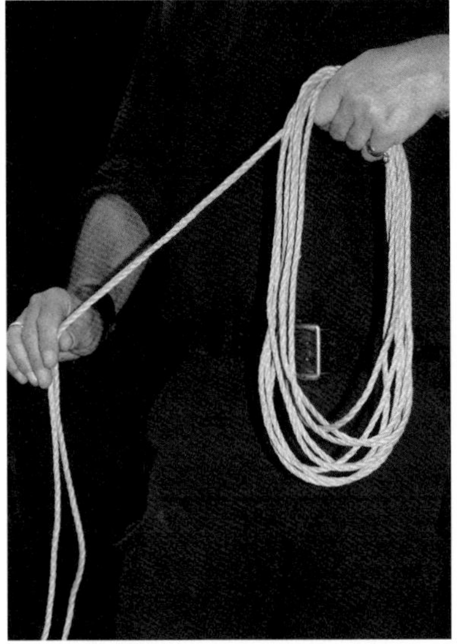

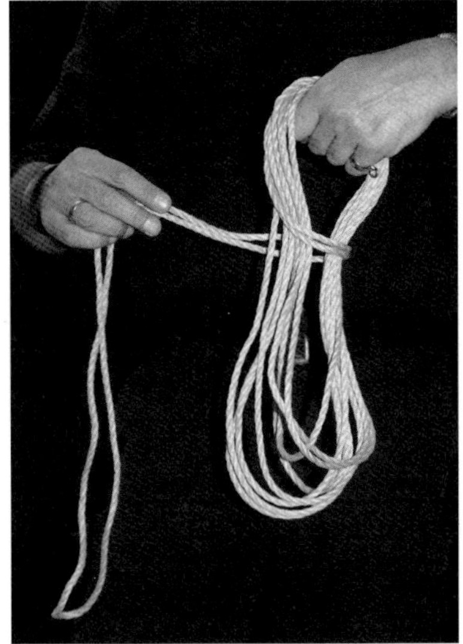

5 *Die Seilschlingen werden jetzt vom Arm gezogen, dabei greift die Hand alle Seillagen inklusive der Knoten-Enden.*

6 *Das restliche Ende mit dem Auge wird um das obere Drittel des Seilbündels geschlungen...*

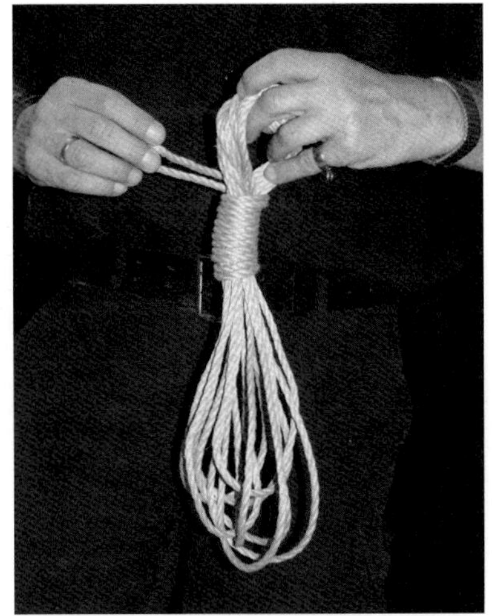

7 *... und weiter in Richtung Hand gewickelt, auch hierbei sollten die Seillagen parallel bleiben.*

8 *Am Schluss sollte nur noch eine maximal 10 cm lange Schlaufe übrig bleiben.*

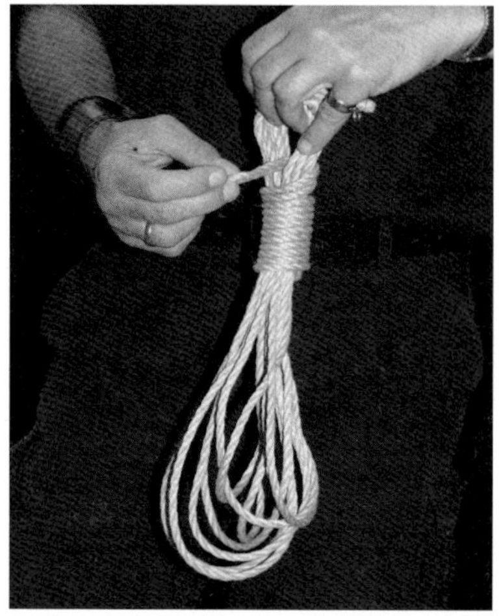

9 Diese Schlaufe wird einmal oberhalb der Wicklung zwischen den Seilen des Bündels hindurch gezogen.

10 Der Mittelpunkt der Schlaufe ist der Anfang des Doppelseils. Zur Aufbewahrung von mehreren Seilen kann man durch diese Schlaufe ein Seil ziehen und so die Seile benutzungsbereit aufbewahren.

Seil zusammen legen (Osada-Steve-Methode)

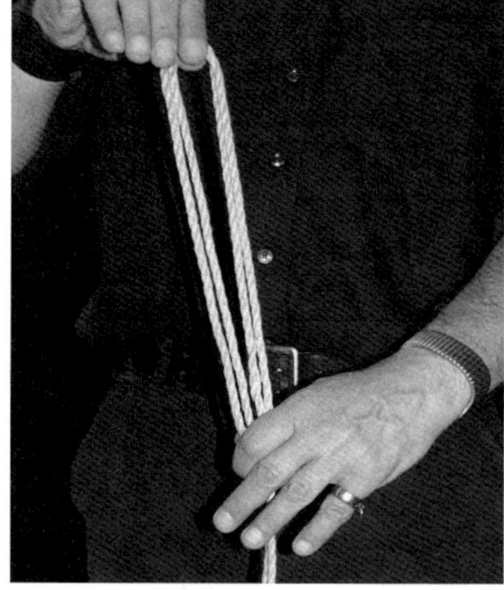

1 Auch hier ist das Knotenende des Doppelseils der Anfang.

2 Die zweite Hand greift in das Seil, während sie die Knoten weiterhin hält.

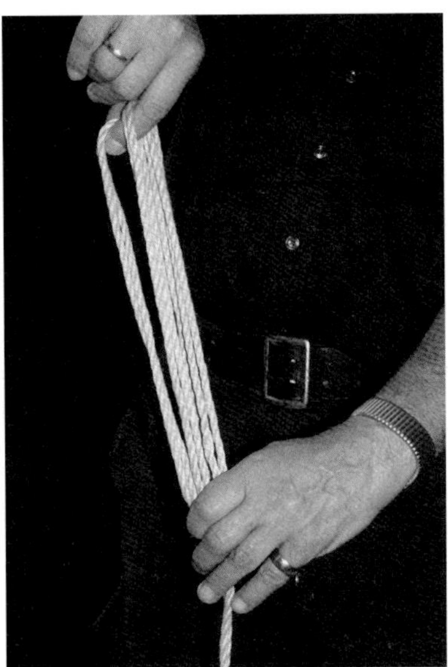

3 *Die Schlingen, die so gelegt werden, sollten etwa 20 bis 25 cm groß sein.*

4 *Wechselseitig greifen jetzt die Hände das Seil...*

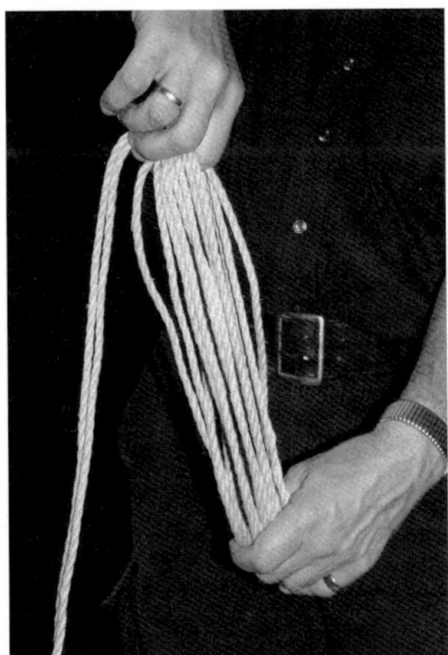

5 *... bis nur noch ein Rest von ca. 40 bis 50 cm übrig ist.*

6 *Das Bündel wird jetzt mit der einen Hand fest umschlossen.*

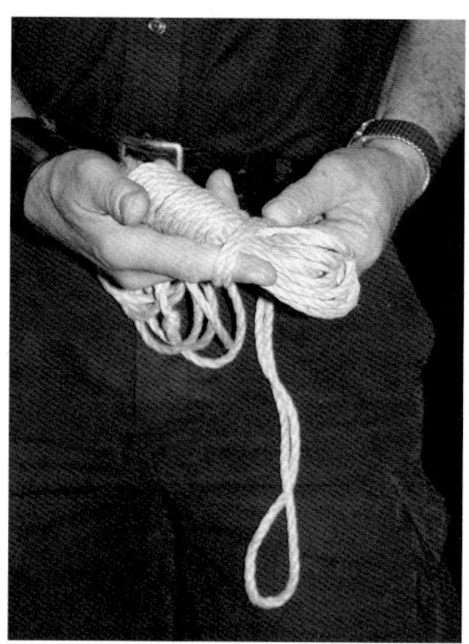

7 Die andere Hand wickelt das Seilbündel gegen die Legerichtung des Seils in parallelen Lagen.

8 Sobald noch etwa 10 cm Seil übrig ist, lässt man den Zeigefinger der haltenden Hand stehen.

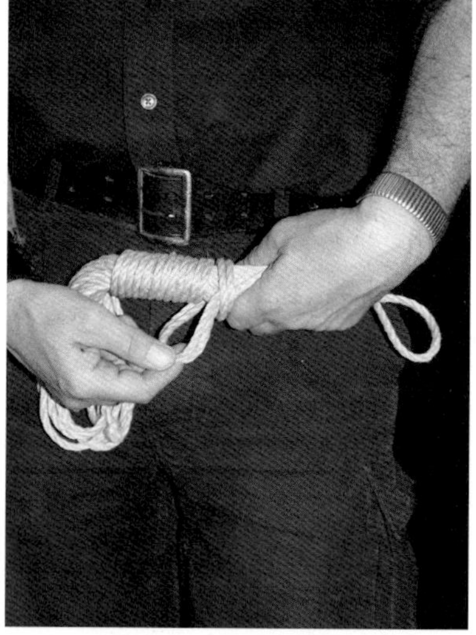

9 Und macht eine weitere Wicklung.

10 Der frei stehende Finger greift die letzte Wicklung und zieht eine Schlaufe des Restseils unter der vorletzten Lage hindurch.

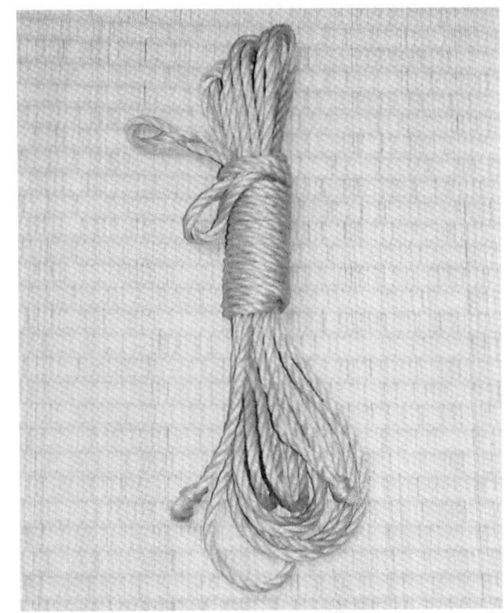

11 *Jetzt die vorletzte Seillage straff ziehen – die Schlaufe (auf diesem Bild zu Anschauungszwecken etwas länger gelassen) signalisiert die Mitte des Doppelseils.*

12 *So sollte das fertige Seilbündel aussehen. Vorteil dieser Methode ist, dass sich das Seil nicht so leicht verdreht.*

Seil für den schnellen Zugriff vorbereiten

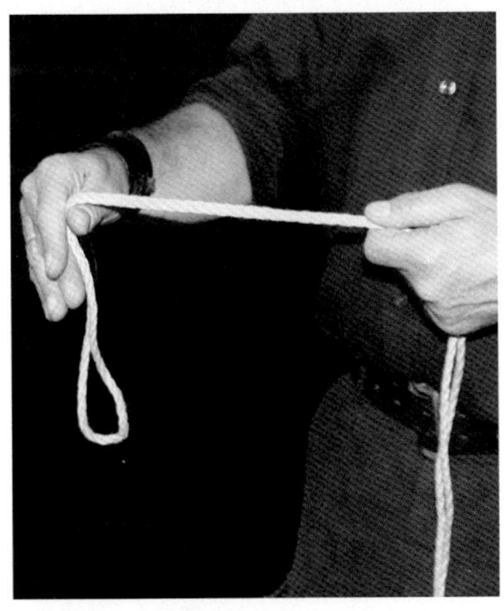

1 *Das Seil wie es gerade vom Körper des Gefesselten abgewickelt wurde an der Schlaufe greifen.*

2 *Das Seil wird einmal um die andere Hand gewickelt.*

3 *Dann wird eine weitere Wicklung halb unter der ersten Wicklung hindurch gezogen.*
4 *Dadurch bildet sich eine Art schlaufenförmiger Knoten...*

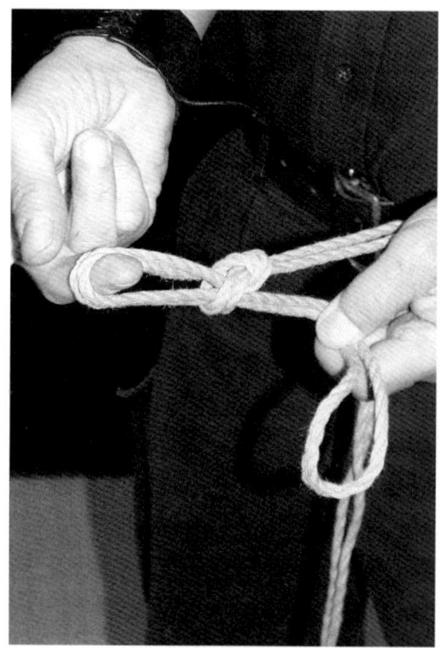

5 *... der sich zuziehen lässt.*
6 *Damit ist der Mittelpunkt des Doppelseils markiert.*

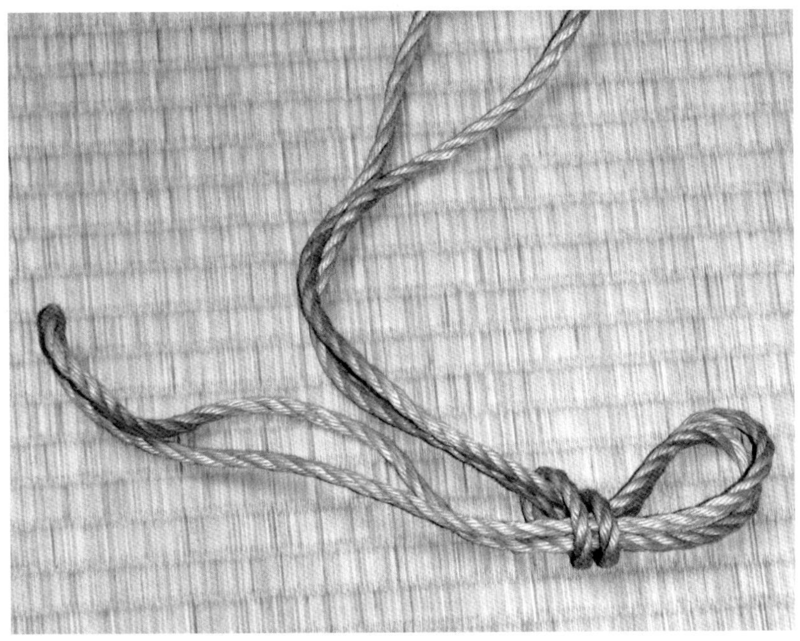

7 *So kann man es einfach beiseite legen, ohne dass man erst nach der Mitte suchen muss. Zur Benutzung muss man nur Seil und Schlaufe auseinander ziehen, der Knoten löst sich.*

9.1.2. Der Basisknoten

Vorbemerkung

Eigentlich ist der ›Basisknoten‹ eine Doppelwicklung, die mit einem doppelten Überhandknoten gesichert wird. Er wird bei fast jeder japanischen Bondage eingesetzt, etwa um eine Hand, zwei Hände, Fußgelenke, das Hängeseil an die Oberkörper-Fesselung oder für ein Taillen-Seil. Diesen Knoten kann man natürlich auch an unbelebten Gegenständen benutzen.

Ich nenne den Knoten so, weil er die Basis für fast alle japanischen Fesselungen ist. Wenn dieser Basisknoten falsch gemacht wird, kann sich sowohl das Seil unkontrolliert enger ziehen, als auch die einzelnen Lagen unterschiedlich auf die Haut drücken.

Basisknoten an einem Glied

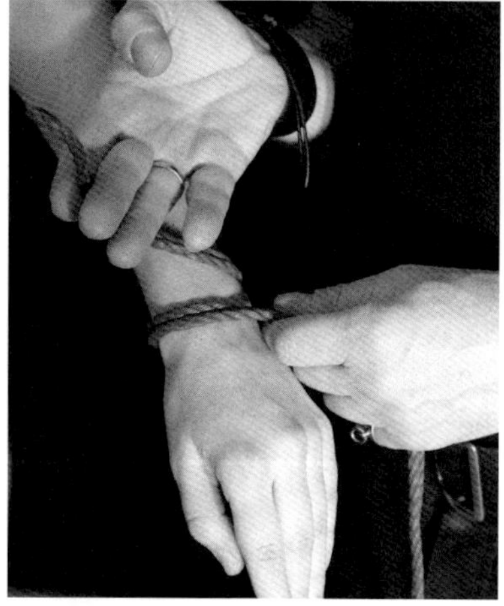

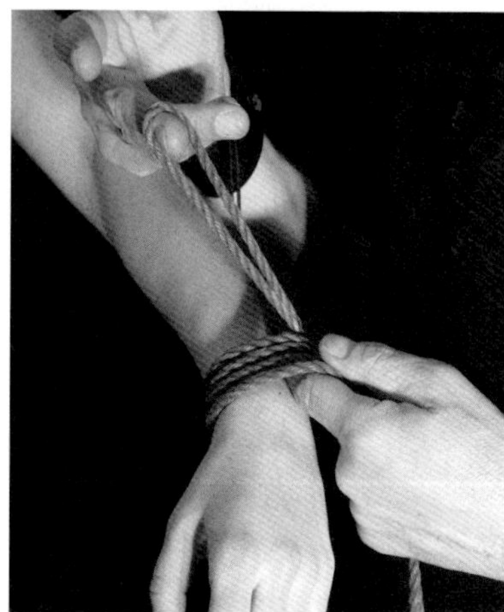

1 *Das auf doppelt gelegte Seil wird auf der Schlaufenseite gefasst und einmal um das Handgelenk gelegt.*

2 *Dann erfolgt eine zweite Wicklung mit dem Doppelseil um das Gelenk – damit die Seillagen die gleiche Spannung behalten, einen Finger mit leichtem Zug nach außen unterlegen.*

3 *Das Schlaufenende wird einmal über alle 4 Seillagen gelegt – dabei sollte es etwa eine Hand lang sein.*

4 *Das Ende wird unter den oberen Seillagen hindurch gezogen.*

5 *Unter leichtem Zug wird dann ein einfacher Knoten gemacht.*
6 *Darauf setzt man einen zweiten Knoten. Das Ganze muss dann aussehen wie eine Art Seilbrezel.*

9.1.3. Basisknoten an zwei Gliedern, um sie aneinander zu fesseln.

1 *Das doppelt gelegte Seil wird um die Handgelenke gelegt.*
2 *Und eine zweite Wicklung, die man mit untergelegtem Finger stabilisieren kann.*

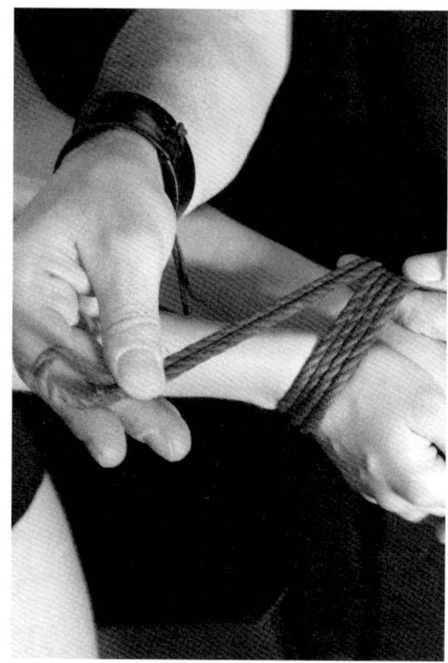

3 *Gleichzeitig sorgt der Finger dafür, dass das Seil nicht zu fest sitzt.*
4 *Das Seilende wird unter den oberen Seillagen hindurch gezogen.*

5 *Unter leichtem Zug wird ein einfacher Knoten gebunden.*
6 *Ein weiterer Knoten zur Sicherung.*

7 Hier kann man die Brezelform des doppelten Knotens gut erkennen.

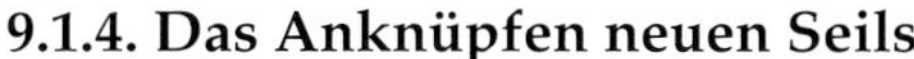

9.1.4. Das Anknüpfen neuen Seils

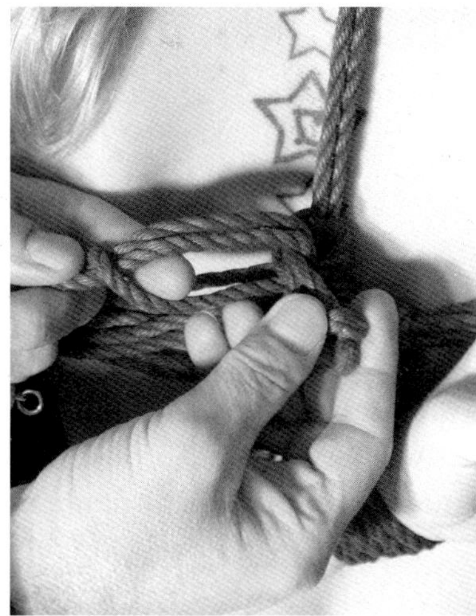

1 Das Ende des doppelt gelegten Seils wird zu einer Schlaufe genommen.
2 Diese Schlaufe wird über die geknoteten Enden der vorher benutzten Seils gelegt.

3 *Und fest zusammen gezogen.*
4 *Mit leichtem Zug prüft man das nun verlängerte Seil auf Festigkeit.*

9.1.5. Der Takatekote (Standard-Oberkörperfesselung) 2-Seil Variante

Vorbemerkung

Der Takatekote ist wohl eine der bekanntesten japanischen Oberkörperfesselungen, nicht umsonst wird er von vielen Fesslern als die ›Butter-und-Brot-Bondage‹ bezeichnet. Es gibt ihn in den unterschiedlichsten Varianten mit oder ohne Sicherungsseile, mit jeweils zwei oder drei Doppelseillagen oben und unten. Über die Jahre hat sich die hier gezeigte Variante als besonders sicher und sauber zu fesseln erwiesen, was aber nicht heißt, dass andere Varianten dadurch falsch geworden sind.

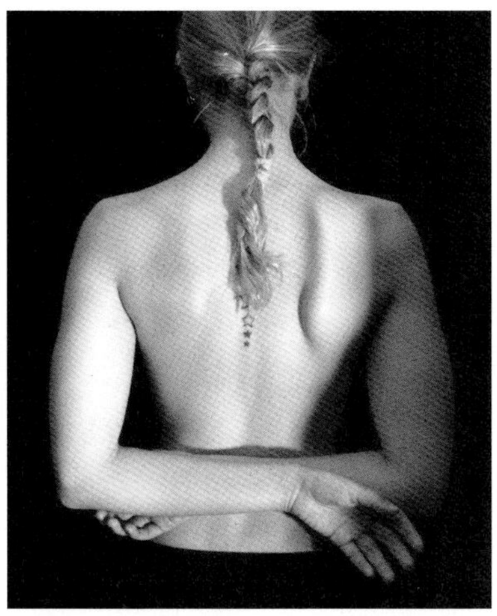

1 *Die Arme des Partners werden auf dem Rücken zusammengenommen, die Haltung sollte bequem sein. Der Daumen sollte nicht abgespreizt den Arm umfassen.*

2 *An dieser Stelle muss der Partner einem genug Platz zwischen Armen und Körper lassen, damit man das Seil hindurch ziehen kann.*

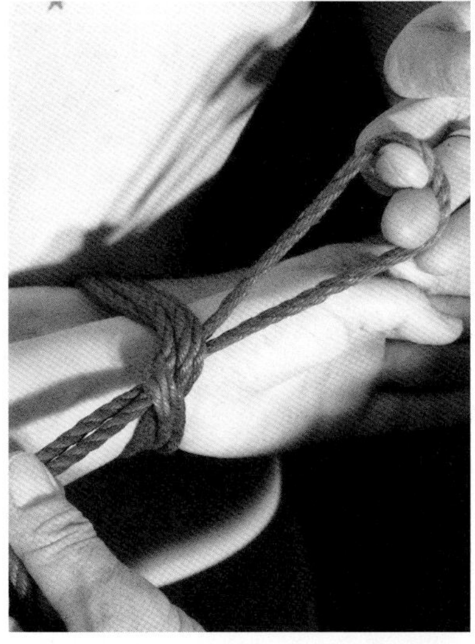

3 *Es kommt der Basisknoten für 2 Glieder zum Einsatz mit der Doppellage des doppelt gelegten Seils.*

4 *Auch hier wird die Schlaufen unter den oberen Seillagen hindurchgezogen, dabei sollten ruhig drei Finger Luft zwischen Seil und Handgelenken sein.*

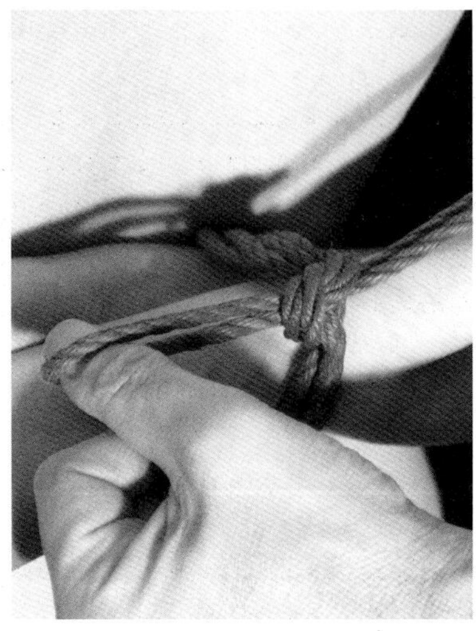

5 *Der erste Knoten,*
6 *der mit einem zweiten Knoten gesichert wird. Das Ende mit der Schlaufe sollte eher kurz sein, aber frei gelassen werden, dass man die Knoten auch nach Fertigstellung der ganzen Fesselung öffnen kann.*

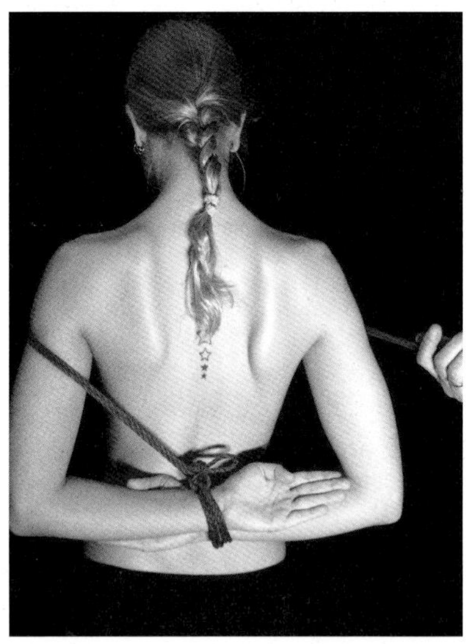

7 *Der Knoten sollte in die Richtung zeigen, in der die Bondage weitergehen soll*
8 *Die erste Doppellage geht oberhalb der Brust, bei Männern oberhalb der Brustwarzen einmal um den Oberkörper herum.*

9 Das Seil gehört zwischen Schulter und Oberarmmuskel.
10 Dann parallel dazu eine zweite Wicklung mit dem Doppelseil.

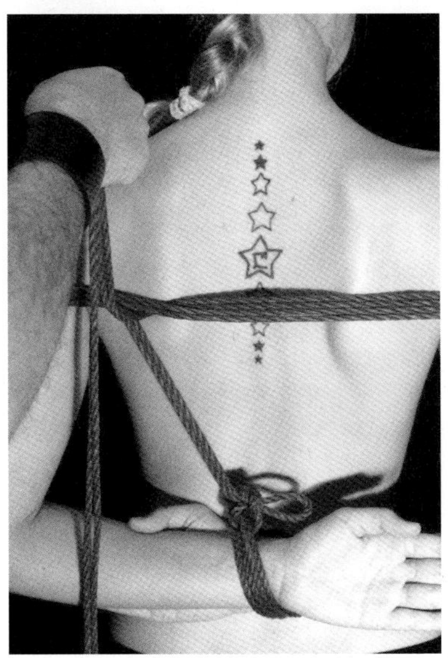

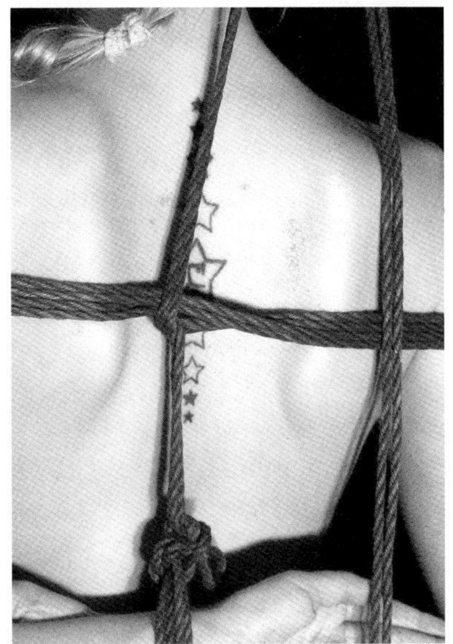

11 Auf dem Rücken wird das Seil unter den Wicklungen hindurchgeführt.
12 Beim straff ziehen sollte der Steg zwischen Handgelenken und Oberkörperwicklungen über der Wirbelsäule liegen. Dabei sollte man darauf achten, den Steg lang genug zu lassen, weil man ihn im späteren Verlauf noch braucht.

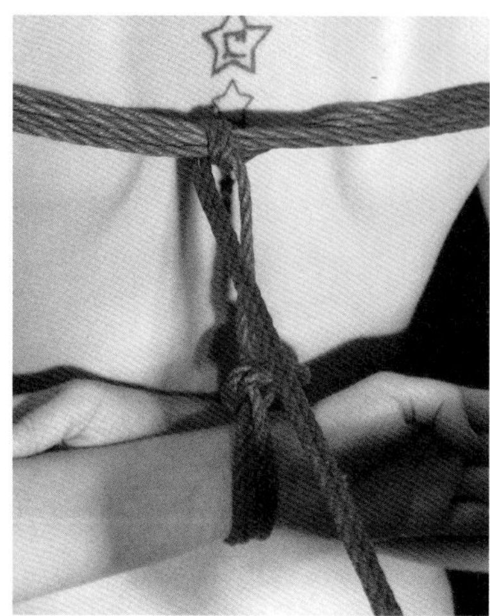

13 Das Seil wird zurück an den Körper geführt und umfasst die oberen Seillagen.
14 Das wird auf der anderen Seite wiederholt.

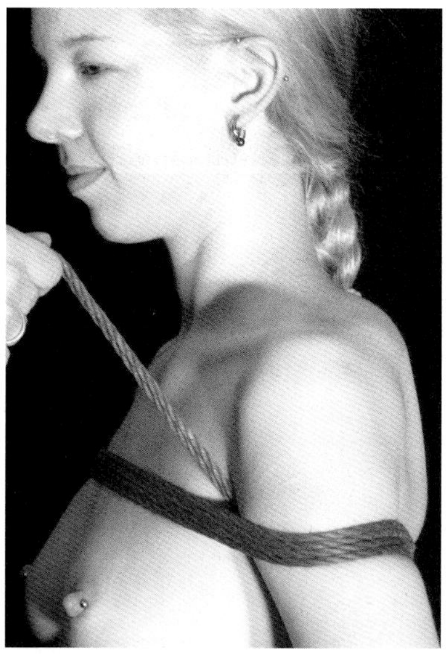

15 Wenn das Seil wieder an den Körper geführt wird, ist die obere Lage am Mittelsteg festgelegt und die Fesselung kann fortgesetzt werden.
16 Die obere Seillage wird gegen das Verrutschen nach oben gesichert indem man das Seil erst auf der einen Seite zwischen Oberarm und Körper oberhalb der Seillagen hindurchführt.

17 Es hält die Seillage und kann dann wieder zurück nach hinten zum Mittelsteg geführt werden.

18 Unter dem hindurch es auf die andere Seite geht.

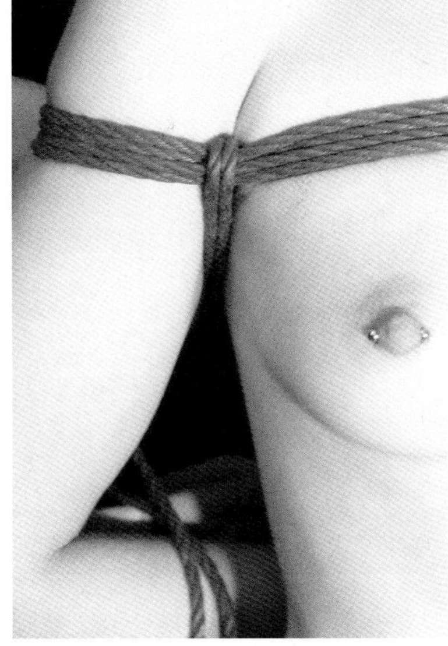

19 Unter den Seillagen und zwischen Arm und Körper hindurch.

20 Dort sichert es die andere Seite indem es einmal um die Seillagen gelegt wird.

21 Und von dort wieder unter dem Steg hindurch zurück läuft.
22 Das Seil wird mit einer Wicklung am Steg festgelegt u. zurück an den Körper geführt.

23 Sollte der Seilrest so lang sein, dass beim Ansetzen des neuen Seils die Knoten unter der Achsel oder auf dem Arm zu liegen kommen (das muss vermieden werden), kann man das Seil mehrmals um den Steg wickeln.
24 Dann geht das Seil unterhalb von Brust bzw. Brustwarzen um Körper und Arme.

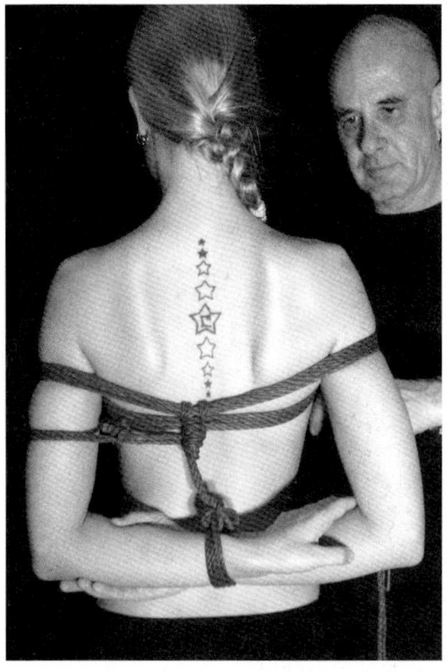

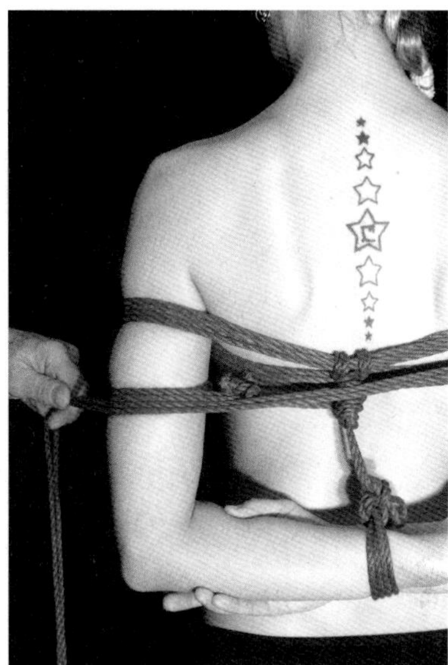

25 *Parallel dazu wird es ein weiteres Mal um den Körper geführt.*
26 *Das Seil wird unter den Seillagen hindurch gezogen.*

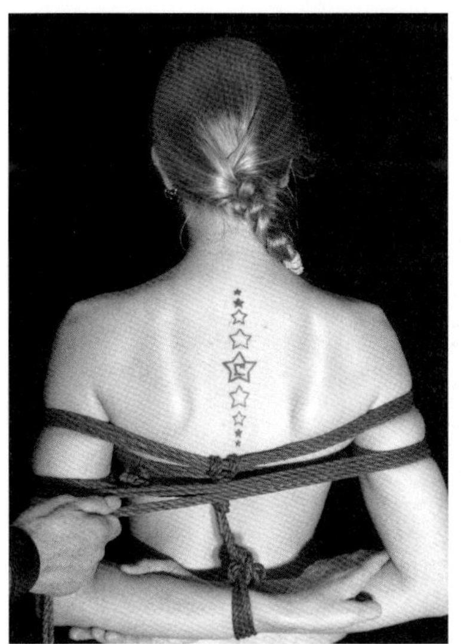

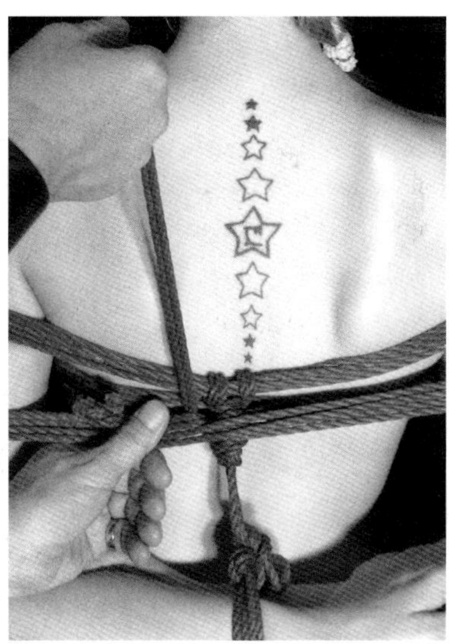

27 *Erst mit einer Wicklung.*
28 *Und dann mit einer zweiten Wicklung auf der anderen über dem Steg wird die unter Doppellage festgelegt.*

29 Mit einer weiteren halben Wicklung um den Steg wird das Seil zurück an den Körper geführt – bitte beachten, dass der Knoten an den Händen nicht blockiert wird.

30 Das Seil geht zwischen Arm und Körper hindurch über die untere Doppellage.

31 Dabei sollte das Seil so um die Seillagen gelegt werden, dass sie sich nicht verdrehen.

32 Das Seil geht wieder nach hinten zurück zum Steg.

33 Es geht unter dem Steg hindurch.
34 Dann erfolgt die Sicherung der anderen Seite, auch hier wieder darauf achten, dass die Seillagen nicht verdreht werden.

35 Zurück unter den Steg.
36 Der Rest des Seils wird so verbastelt, dass der Knoten an den Handgelenken nicht blockiert ist.

9.1.6. Der Takatekote – 3-Seil Variante

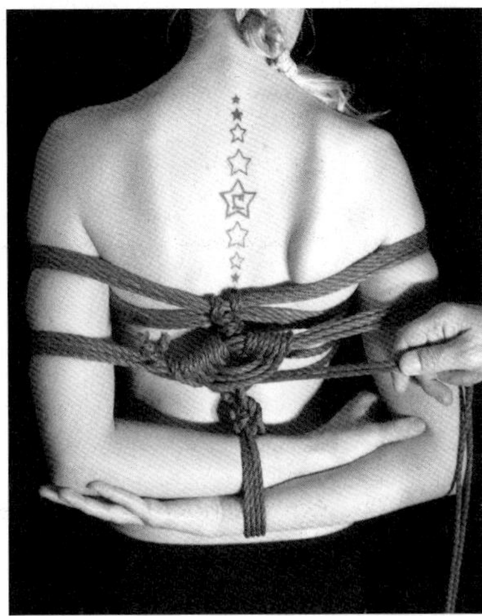

1 *Die ersten Schritte wie bei der 2-Seil Variante. Dann muss das dritte Seil angesetzt werden.*

2 *Das verlängerte Seil geht zurück unter dem Steg hindurch und ist damit wieder in Körpernähe.*

3 *Von dort wird es nach oben über die Schulter geführt, dabei liegt es unter den quer verlaufenden Doppellagen, aber über den Lagen der Sicherungsseile.*

4 *Das Seil geht über die Schulter zurück zwischen Arm und Körper.*

5 *Von dort unter dem Steg hindurch auf die andere Seite.*
6 *Zwischen anderem Arm und Körper über die Schulter zurück.*

7 *Dort überkreuzt es das Seil, welches über die andere Schulter gelegt wurde.*
8 *Wieder darauf achten, dass das Seil über den Sicherungslagen und unter den Hauptlagen liegt.*

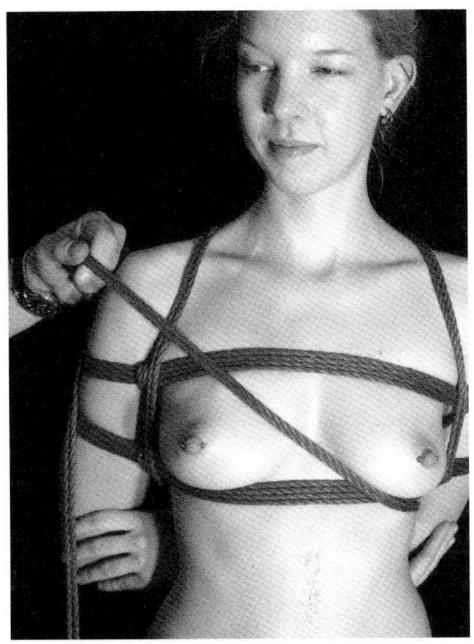

9 *Das Seil geht nach einer Wicklung um den Steg unter ihm weiter.*
10 *Nach vorne unterhalb der Brust zu dem gegenüber liegenden Schulterseil. Auch oberhalb der Brust wäre es möglich, das ist eher Geschmackssache.*

11 *Das Seil wird unter dem Schulterseil hindurch gezogen.*
12 *Von da geht es zum gegenüberliegenden Schulterseil.*

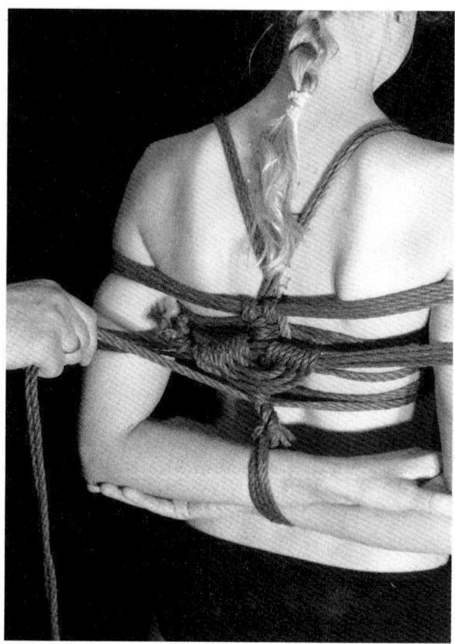

13 Unter diesem wird es hindurch gezogen und kreuzt dann das hochlaufende Seil der anderen Seite.
14 Dann wird es zurück zwischen Arm und Körper an den Mittelsteg geführt.

15 Dort wird das Seil einmal um den Mittelsteg herumgeführt und damit gesichert.
16 Wer Lust hat, kann restliches Seil dekorativ hinten verarbeiten.

17 Und so sieht das Ganze dann fertig von vorne aus.

9.1.7. Bondage-Hardware

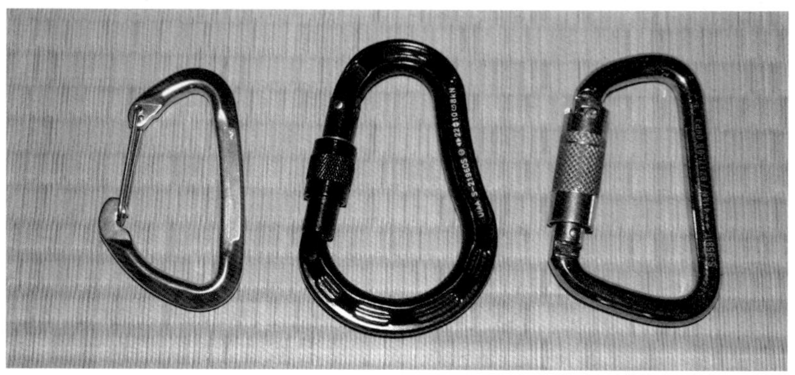

Von links nach rechts: Einfacher Alu-Karabiner aus dem Bergsport mit Drahtschnapper, großer Alu-Karabiner mit Drehverschluss aus der Industriekletterei, extra schwerer Edelstahl Karabiner mit Doppelverschluss:

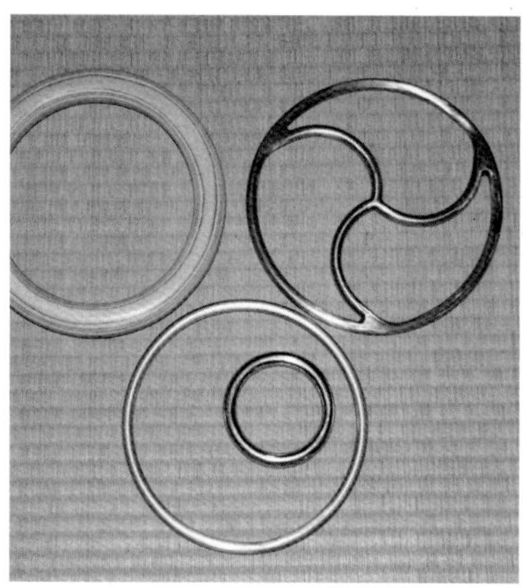

Bondage-Ringe
Von klein (ca. 10 cm Durchmesser) bis groß (ca. 20 cm Durchmesser), von pur Edelstahl bis mit Holz kaschiertem Edelstahl-Kern. Ich persönlich bevorzuge die einfachen großen Stahlringe, aber das ist Geschmackssache.

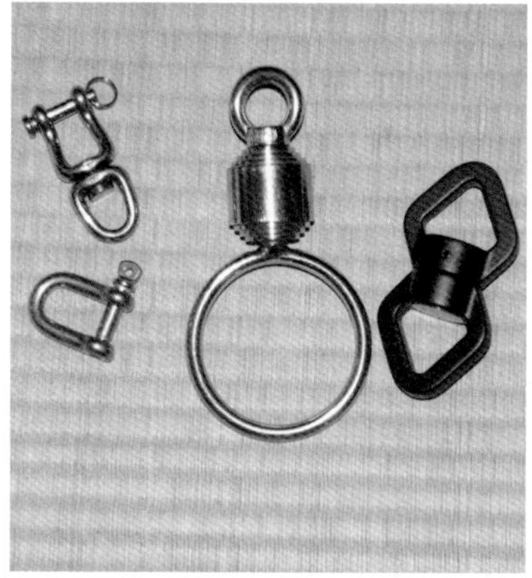

Schekel und Drehwirbel
Links unten ein Schekel zum Verbinden von Ringen und anderer Bondage-Hardware, links oben ein einfacher Drehwirbel aus dem Segelbedarf – dreht eher schwergängig, in der Mitte ein extra für uns angefertigter Bondagering mit kugelgelagertem Drehwirbel, rechts ein einfacher kugelgelagerter Drehwirbel aus der Industriekletterei.

9.2. Bondage im Liegen

Vorbemerkung

Die folgenden Bondages sind Vorschläge, man kann mal die Beine gespreizt fesseln oder sie zusammen lassen, man kann ein Seil nach oben zu einer Hängebefestigung führen oder wirklich nur um den Körper fesseln. Gerade bei Fesslungen im Liegen hat man sehr viel Spielraum für eigene Kreativität, ob nun im Bett, auf dem Teppich oder im Garten (bitte an die Nachbarn denken).

9.2.1. Bauchlage

1 *Zuerst macht man eine Oberkörper-Fesselung wie etwa diese Variante mit nur einem Seil.*

2 *Was dann von hinten so aussehen kann.*

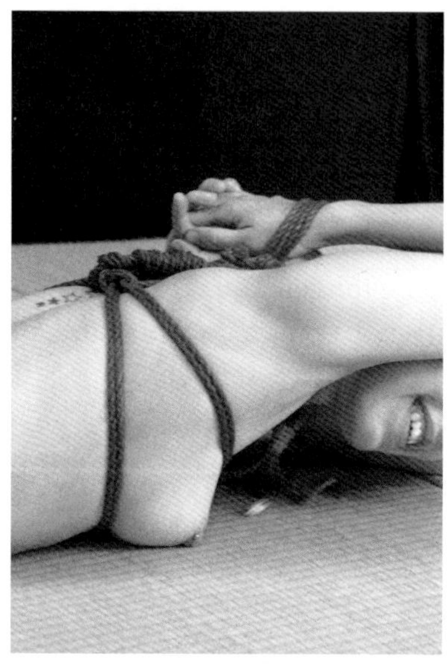

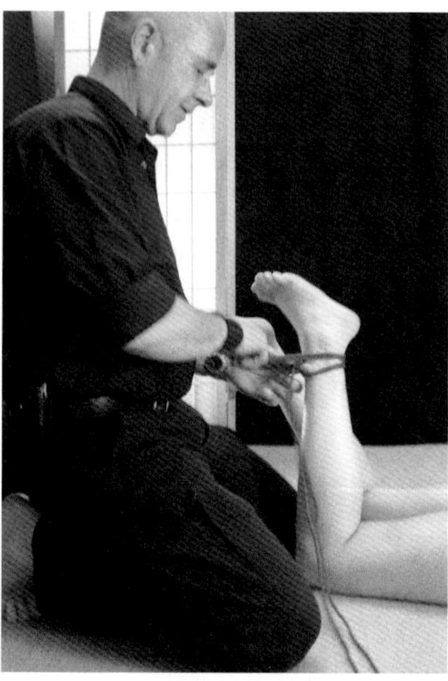

3 *Dann wird der Partner hingelegt, das kann man auch gerne etwas derber machen.*
4 *Um den Knöchel des ersten Beines befestigt man das Seil mit einem ›Basisknoten‹.*

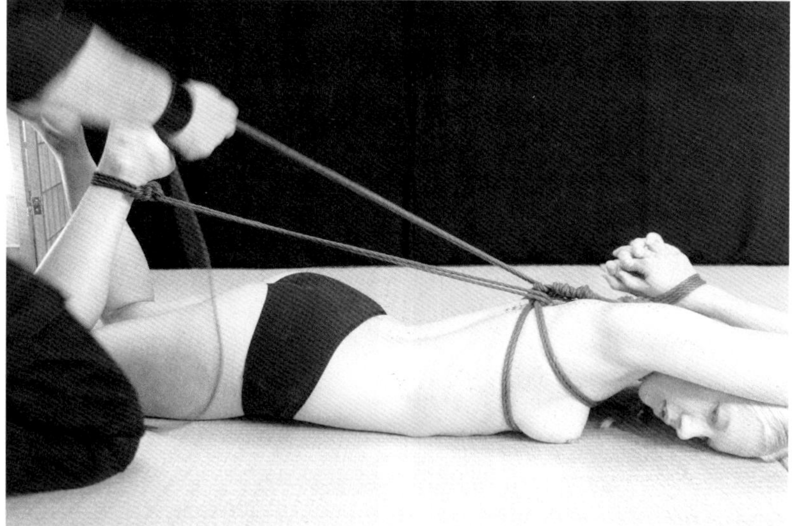

5 *Das Seil geht vom Knöchel zur Mitte der Oberkörperfesselung und von da wieder zurück.*

6 *Dort wird es durch die Schlaufe des Knotens geführt.*

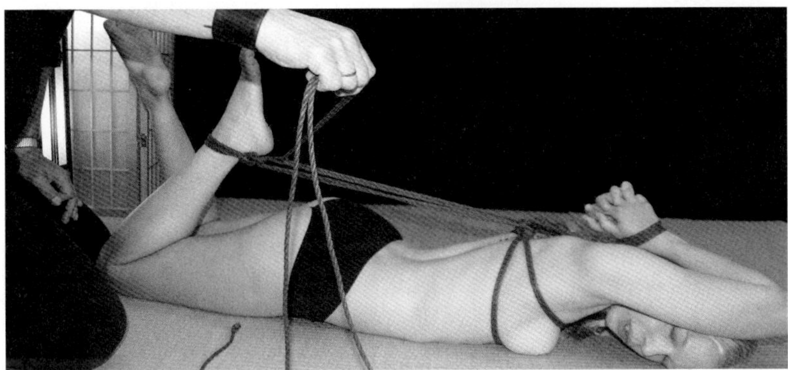

7 *Mit Zug kann man jetzt das Fußgelenk in Richtung Rücken ziehen.*

8 *Das Seil geht zurück zur Oberkörperfesselung.*

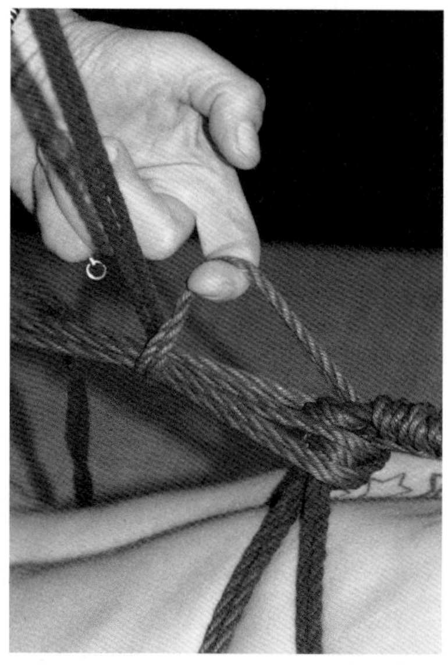

9 Es wird dann um das hin und zurück laufende Seil festgelegt.
10 Der Rest des Seils wird zum anderen Fußgelenk geführt.

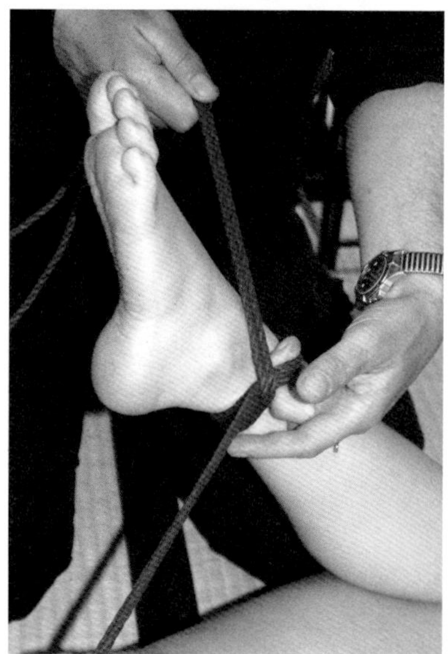

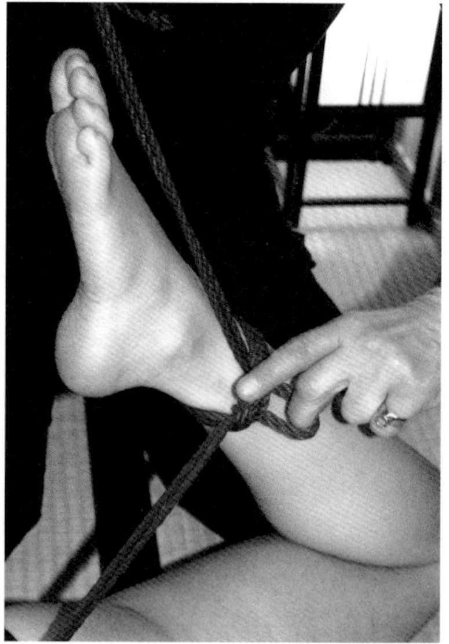

11 Dort wird es unter Spannung zwei Mal um das Fußgelenk gelegt.
12 Und unter den Seillagen hindurch gezogen.

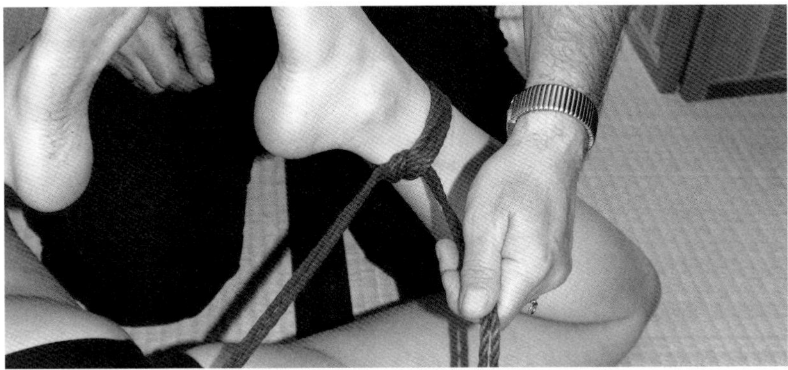

13 Damit entsteht ein Knoten, der die Fesselung um den Knöchel fixiert.

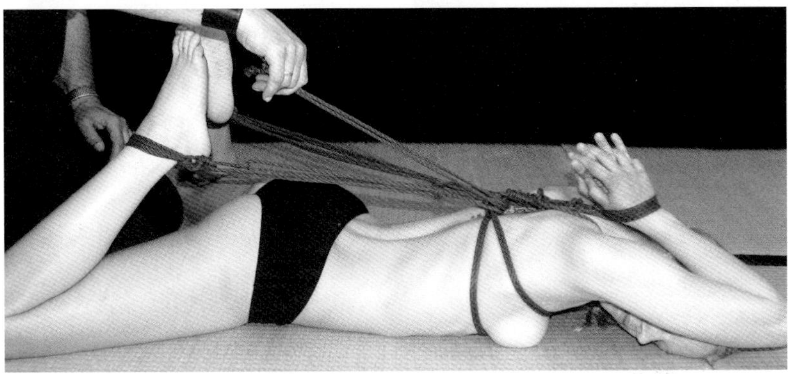

14 Der Seilrest geht zur Oberkörper-Fesselung.

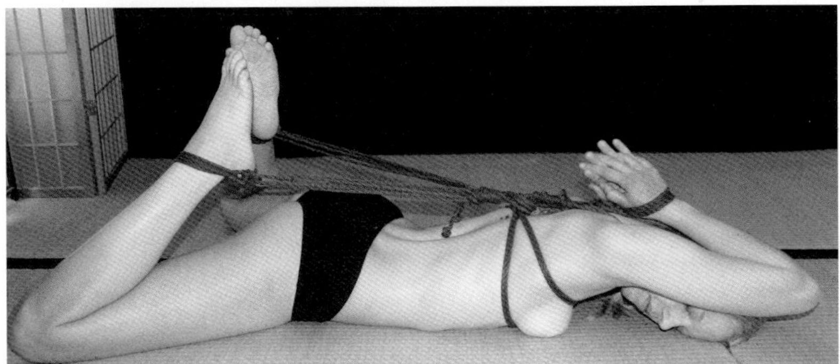

15 Dort wird das Seil festgelegt (falls das Seil nur für ein Bein reichen sollte, kann man für das zweite Bein einfach ein neues Seil nehmen oder es an das erste Seil ansetzen).

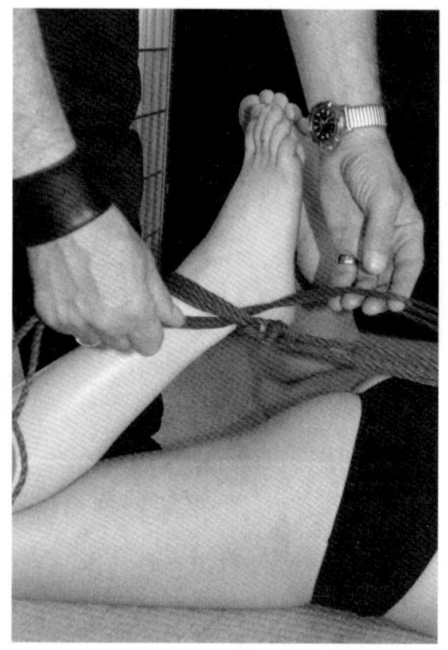

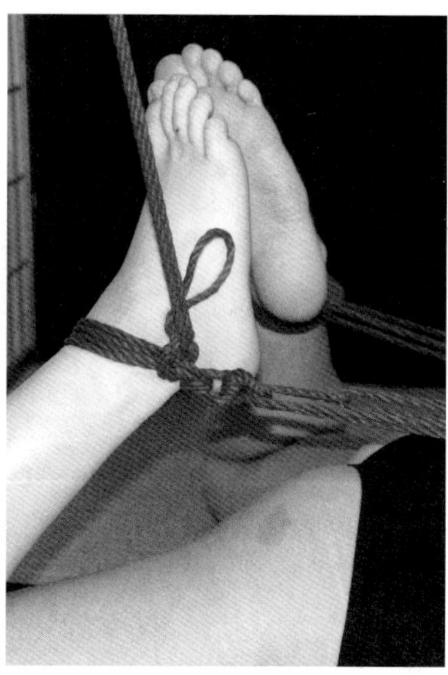

16 Ein neues Seil wird an der Wicklung um einen der Knöchel angesetzt.
17 Und mit einem Knoten gesichert.

18 Das Seil geht dann nach oben durch eine Befestigung (Ring oder Karabiner) und zurück zur Schlaufe des angesetzten Seils.

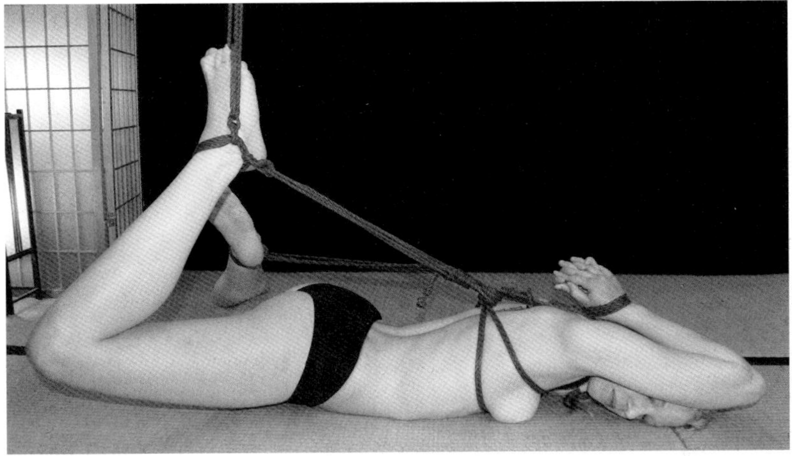

19 Dann geht es zurück zur Befestigung. Je nach Zug, kann man das Bein mehr oder weniger in eine Dehnung zwingen – Achtung, nicht jeder ist so gelenkig und ganz schnell kann diese Position bei großem Zug auch in den Rücken gehen.

P.S.: Diese Fesselung lässt sich natürlich auch in Seitenlage durchführen.

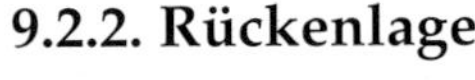

9.2.2. Rückenlage

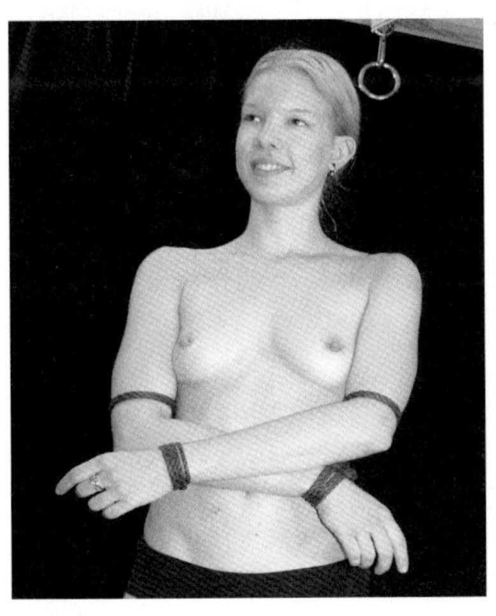

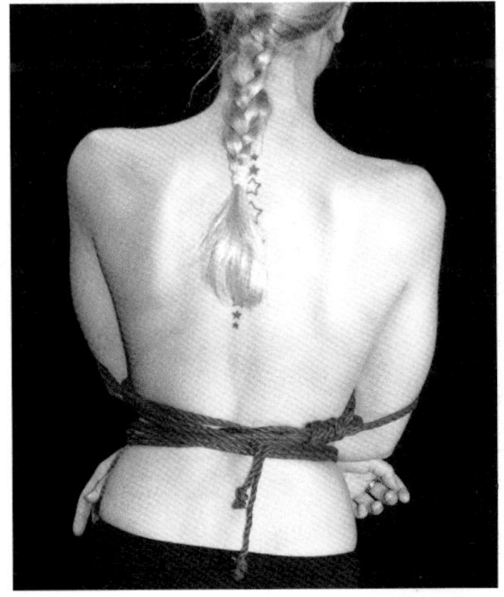

1 Da man traditioneller Weise immer zuerst die Hände fesselt, kann man dies auch so machen wie hier dargestellt.

2 Der Trick dabei ist, dass eine Rückenlage sehr bequem ist, da die Hände vorne sind.

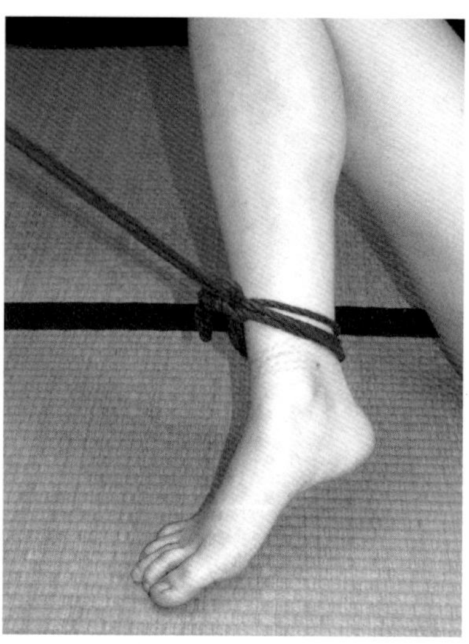

3 *Und schon liegt das ›Opfer‹ auf dem Rücken.*

4 *Jetzt greift man sich das eine Fußgelenk und macht dort einmal den ›Basisknoten‹.*

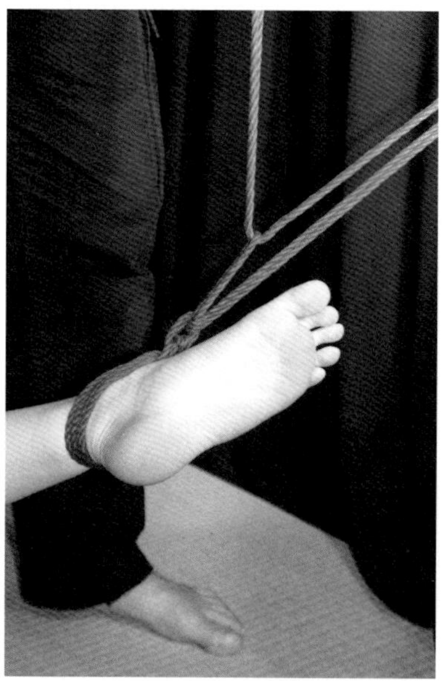

5 *Das Seil wird vom Fußgelenk zu einer geeigneten Befestigungsmöglichkeit und wieder zurück zur Schlaufe geführt.*

6 *Dann wieder zur Befestigung.*

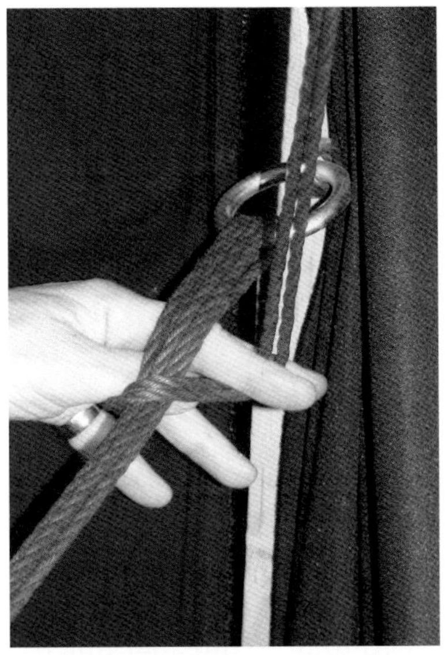

7 Eine halbe Wicklung um die Seillagen.
8 Dabei sollte eine kleine Schlaufe entstehen.

9 Durch die das restliche Seil halb durchgeführt wird.
10 Dann stramm ziehen und man hat so eine Art Schleife, die sich mit einfachem Zug am Seilende öffnen lässt.

11 Das Ganze mit dem zweiten Bein wiederholen. Auch hier sei angemerkt, nicht jeder kann Spagat!

P.S.: Wenn man eine Oberkörperfesselung wählt, bei der die Hände auf dem Rücken befestigt sind, kann diese Fesselung auch bäuchlings ganz spannend sein.

9.2.3. Seitenlage

1 Auch hier zuerst eine einfache Oberkörper-Fesselung als Basis.

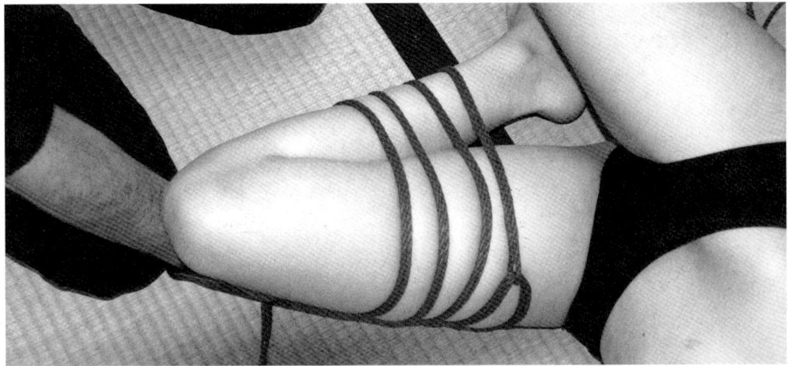

2 *Mit einem neuen Seil umwickelt man ein angewinkeltes Bein.*

3 *Die einzelnen Seillagen werden zusammen gefasst, indem man eine Schlaufe unter den Lagen hindurch zieht.*

4 *Durch diese Schlaufe wird das Seil gezogen und gestrafft.*

5 Das Seil geht auf die andere Seite des Beins.
6 Dort kann man es um eine Seillage legen und fest ziehen.

7 Oder Seillage für Seillage.
8 Mit jeweils einer Umwicklung festlegen.

9 *Bis alle Seillagen gesichert sind und so nicht mehr nach oben über das Knie wegrutschen können.*
10 *Den Rest des Seils kann man festlegen.*

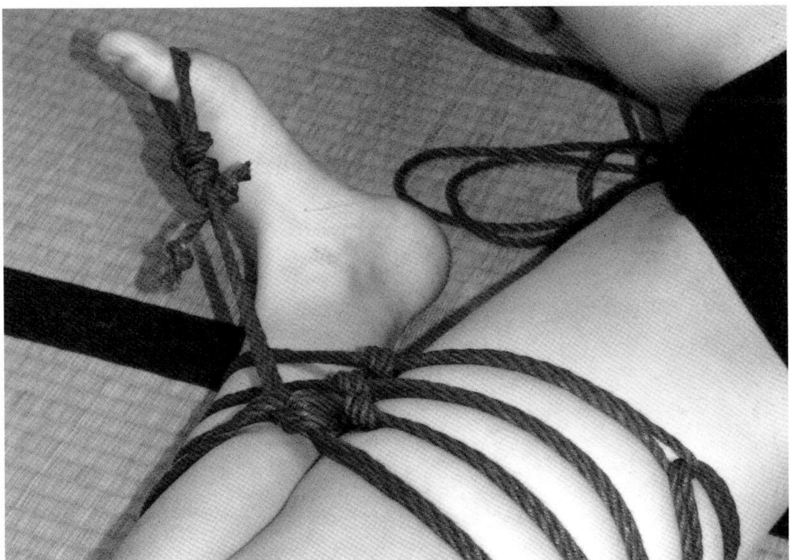

11 *Oder man kann sich irgendeine kleine Gemeinheit ausdenken.*

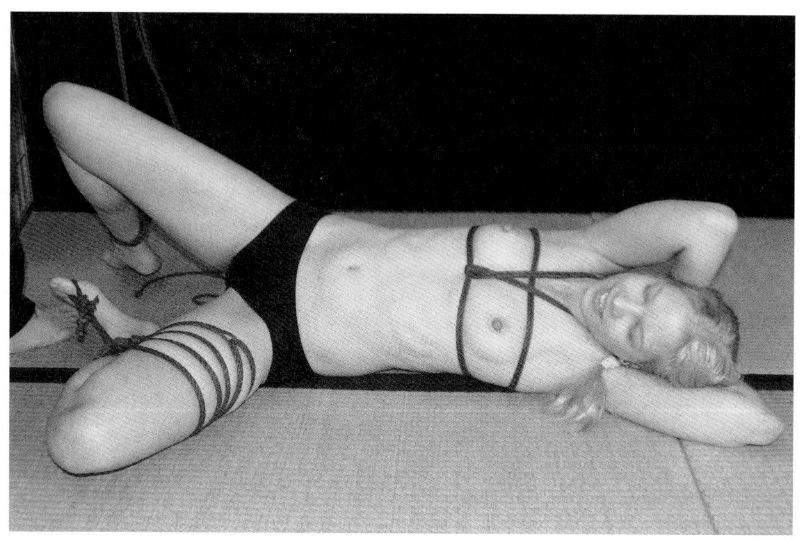

12 *Dann schnappt man sich das andere Fußgelenk und macht dort den ›Basisknoten‹ von dem aus das Seil zu einer Befestigung geht.*

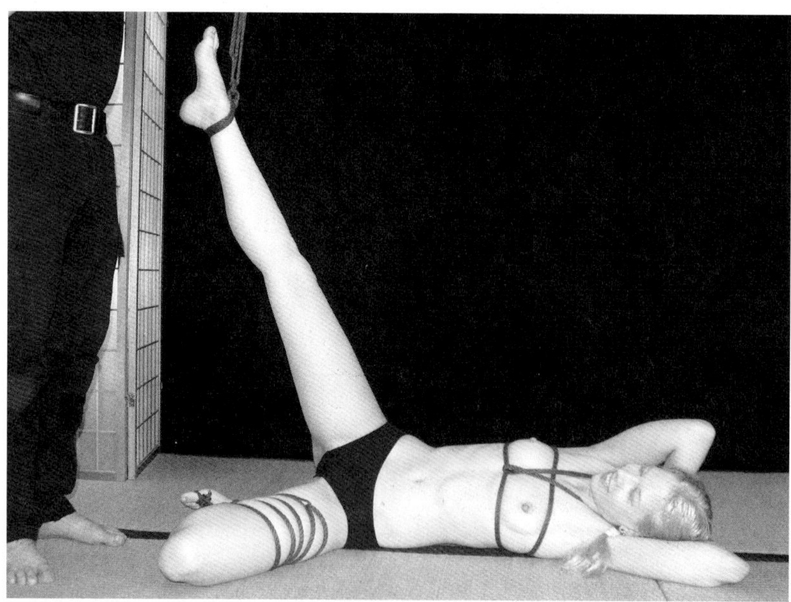

13 *Je nach Lust und Möglichkeiten des Partners kann man das Bein nach oben ziehen.*

9.3. Bondage im Sitzen und Knien

9.3.1. Die ›Krabbe‹ (Ebi shibari)

1 *Wie bei den meisten Fesselungen werden zuerst die Hände gefesselt, dazu kann man eine einfache oder auch kompliziertere Oberkörper-Bondage machen.*

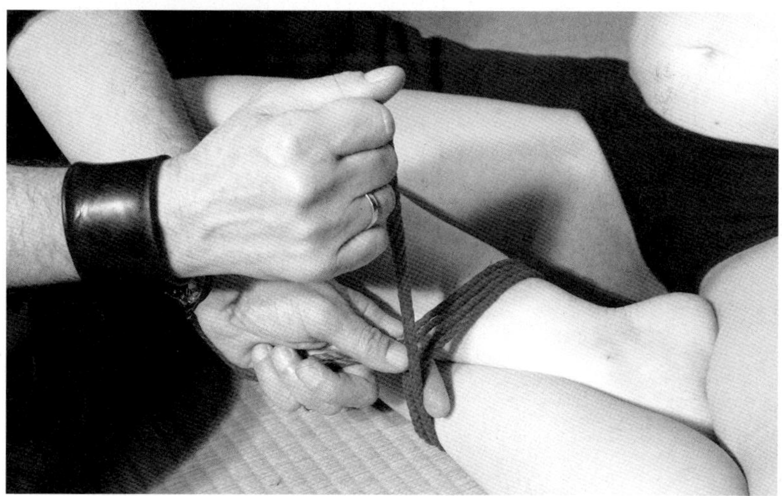

2 *Die Beine sind zum Schneidersitz gelegt, so dass die Fußknöchel übereinander liegen. Dort legt man dann den ›Basisknoten‹ an.*

3 *Dabei ist darauf zu achten, dass die Knöchel nicht zu eng aneinander gefesselt sind.*

4 *Nach Abschluss des Knotens geht das Seil über den ersten Oberschenkel.*

5 *Von dort zurück unter Einbeziehung des Fußes.*

6 *Dann greift es einmal unter die Seillage um das Bein.*

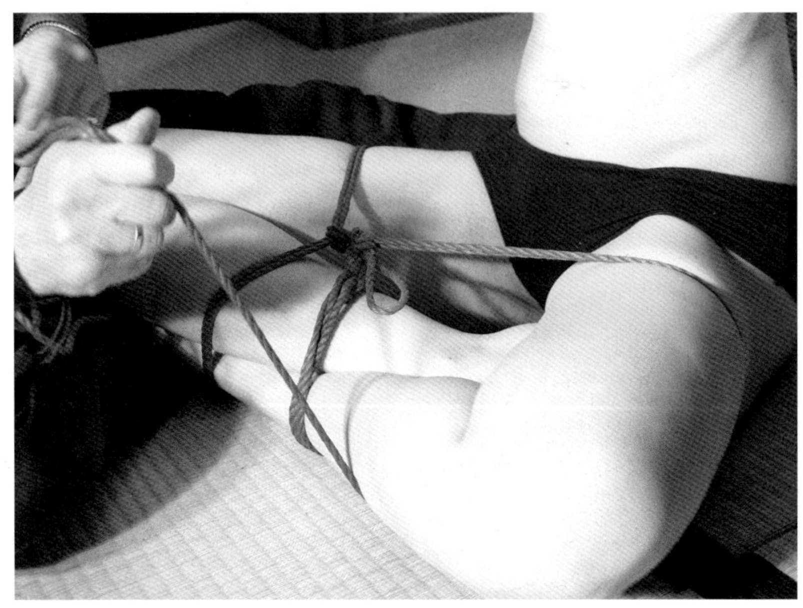

7 *Geht weiter um den anderen Schenkel.*

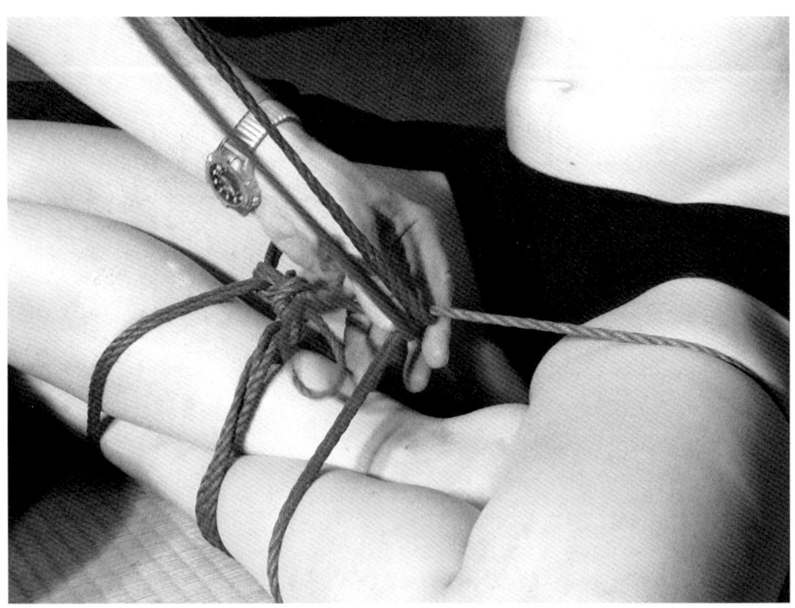

8 *Wird unter dem Oberschenkel-Seil hindurch geführt.*

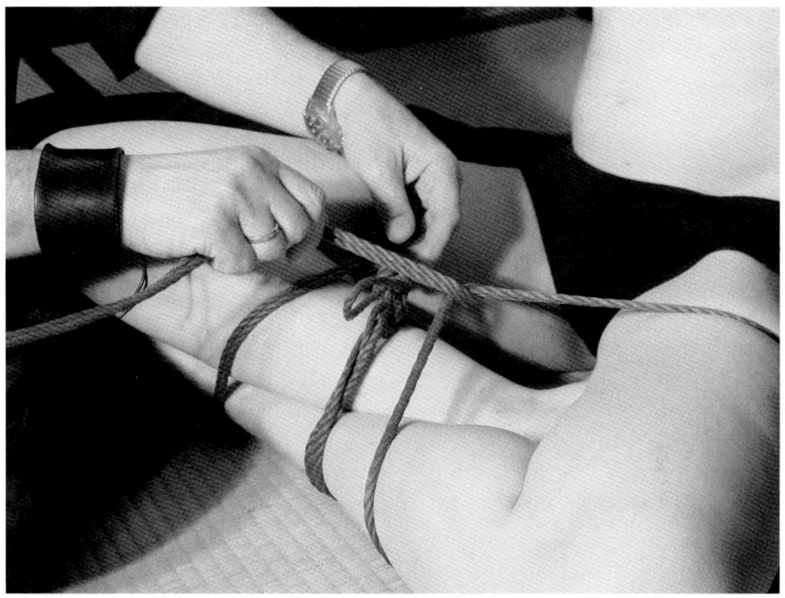

9 Durch eine Umwicklung festgelegt.

10 Es geht unter den Seillagen um die Knöchel hindurch.

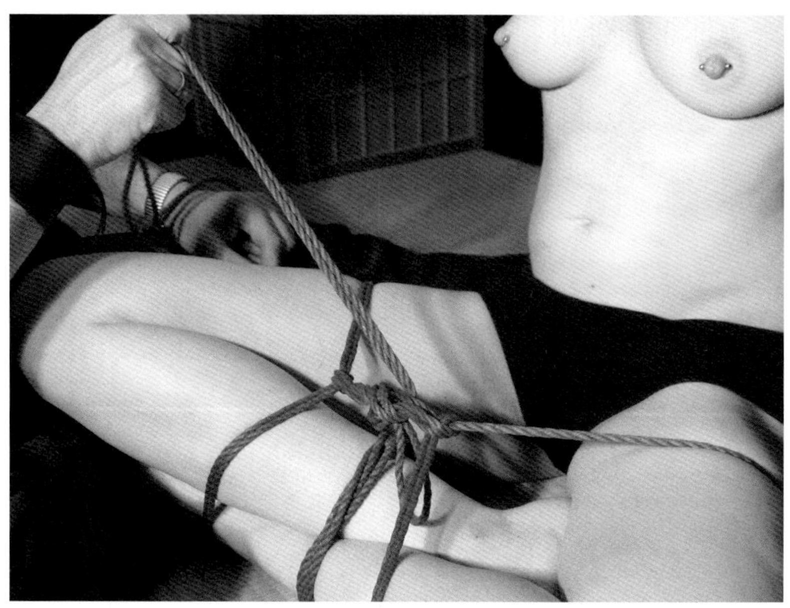

11 Und wird dort durch eine Wicklung festgelegt.

12 Der Rest des Seils geht jetzt über die Schulter nach hinten zur Oberkörperfesselung.

13 *Der Oberkörper sollte dabei so weit es geht nach vorne gebeugt werden, dabei sollte man das aber nicht mit dem Seil erzwingen, sonst gibt es böse Spuren auf der Schulter.*

14 *Durch eine Wicklung wird es jetzt an der Oberkörperfesselung festgelegt.*

15 Von dort geht das Seil dann zurück über die andere Schulter.

16 Dort wird das Seil unter den Seillagen der Knöchel-Fesselung hindurchgezogen.

17 *Und durch ein paar Wicklungen und dem Verstecken der Seilendknoten unter den straff gespannten Seillagen abgeschlossen.*

18 *So sieht die ›Krabbe‹ von unten aus.*

19 In dieser Position kann man die Gefesselte prima in die unterschiedlichsten Positionen bringen.

20 Doch sollte man dabei beachten, dass die Person dabei nicht auf die Ellenbogen fällt.

Sicherheitshinweis: Je nachdem wie weit der Oberkörper nach vorne gedrückt wird, kann es zu Einschränkungen der Atmung und der Durchblutung im Bauchbereich kommen. Auf Gürtel oder Korsetts sollte man bei dieser Bondage verzichten.

9.3.2. Arme an Beine gefesselt

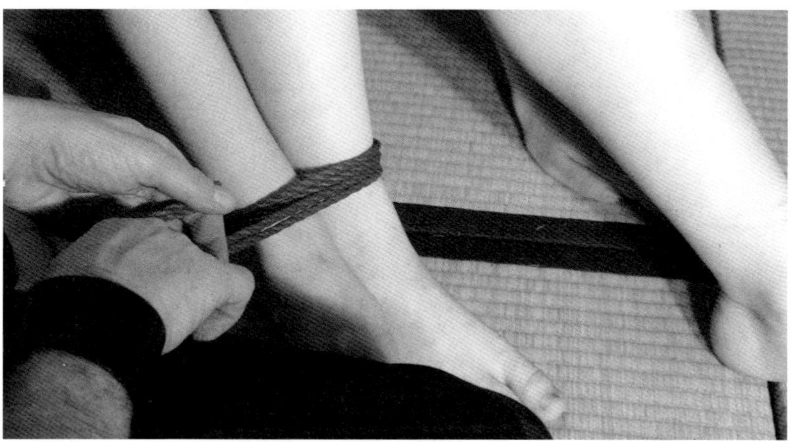

1 *Zuerst wird ein Handgelenk an dem Knöchel des Fußgelenks mit einem ›Basisknoten‹ befestigt.*

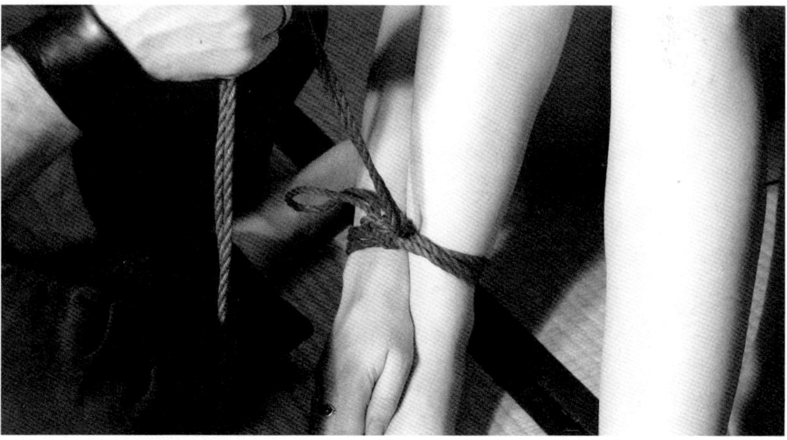

2 *Dabei sollten die Seillagen so sitzen, dass man noch einen Finger zwischen ihnen und dem Körper hindurch stecken kann.*

3 *Das Seil wird jetzt auf Höhe der Wade geführt und um Unterarm und oberen Teil der Wade festgelegt.*

4 *Eine weitere Windung parallel zur ersten zieht das Seil in eine gerade Linie zum Bein.*

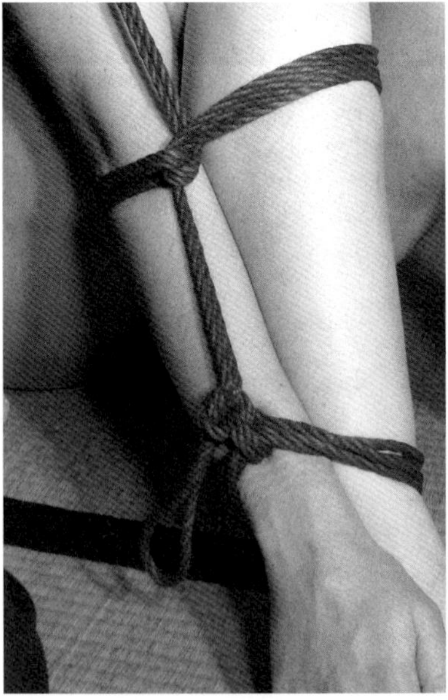

5 *Mit einer Wicklung um den so entstandenen Mittelstrang wird das Seil festgelegt.*

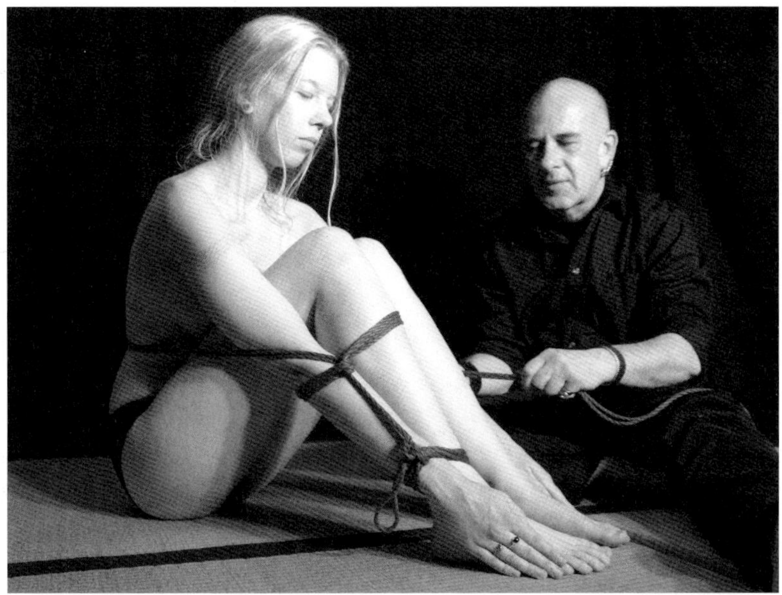

6 Von dort geht es um den Körper.

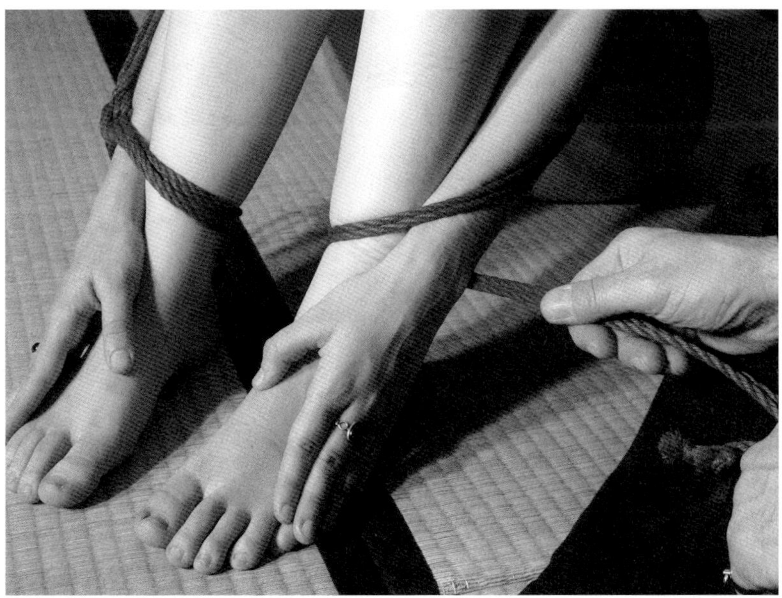

7 Zum anderen Bein.

8 Hier wird das Seil um Knöchel und anderen Arm gelegt.

9 Und ein weiteres Mal herumgewickelt.

10 Jetzt führt man das Seil einmal unter den Seillagen hindurch.

11 Und verknotet es, so dass das Ende gut gesichert ist.

13 Die fertige Fesselung sieht so aus, jetzt muss man seine Partnerin nur noch auf den Rücken legen ...

9.3.3. Bondage im Knien

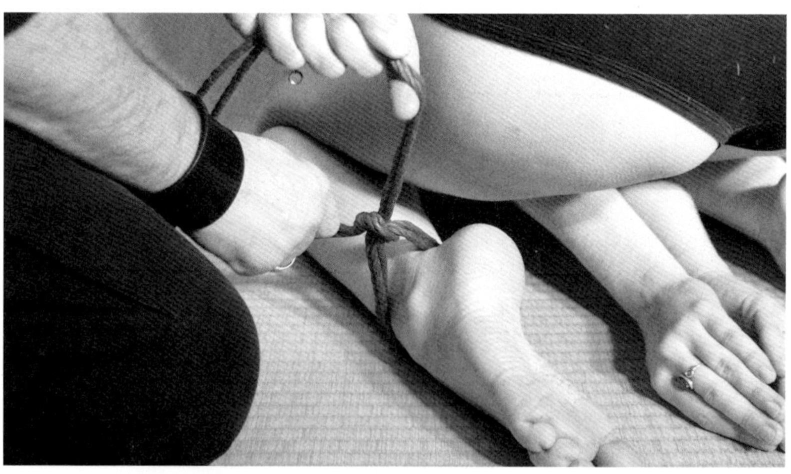

1 Der Partner soll so knien, dass er die Arme zwischen den Beinen nach hinten streckt. Das erste Bein wird mit dem ›Basisknoten‹ gefesselt.

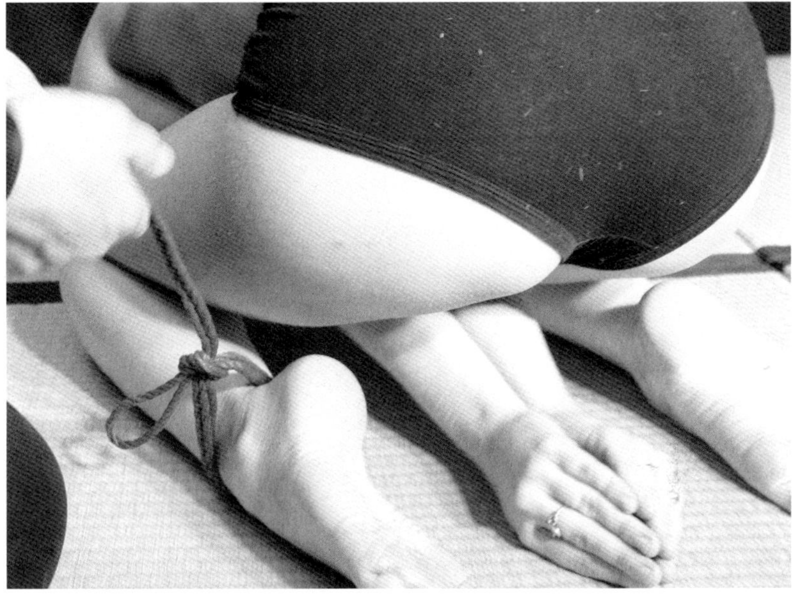

2 *Von dort geht das Seil zu den zusammen gelegten Handgelenken.*

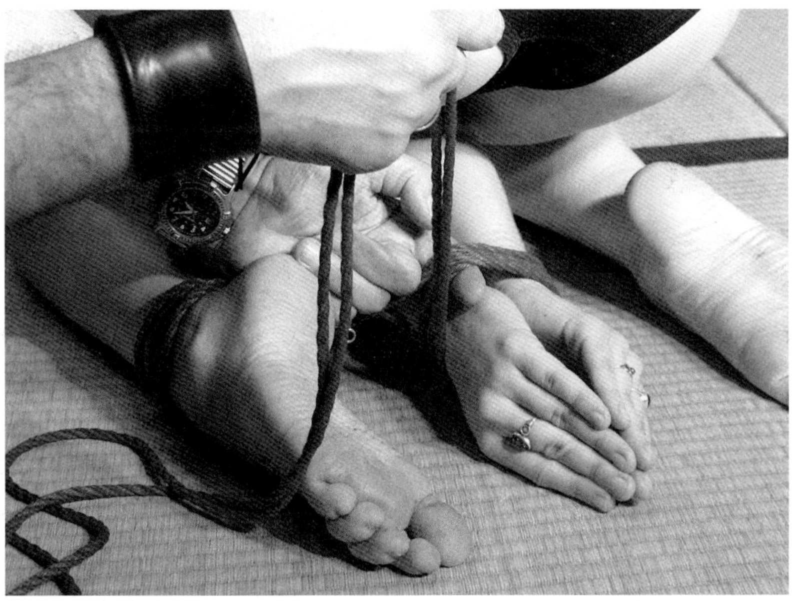

3 *Diese werden zwei Mal umwickelt.*

4 *Die Fesselung wird mit einem Knoten gesichert.*

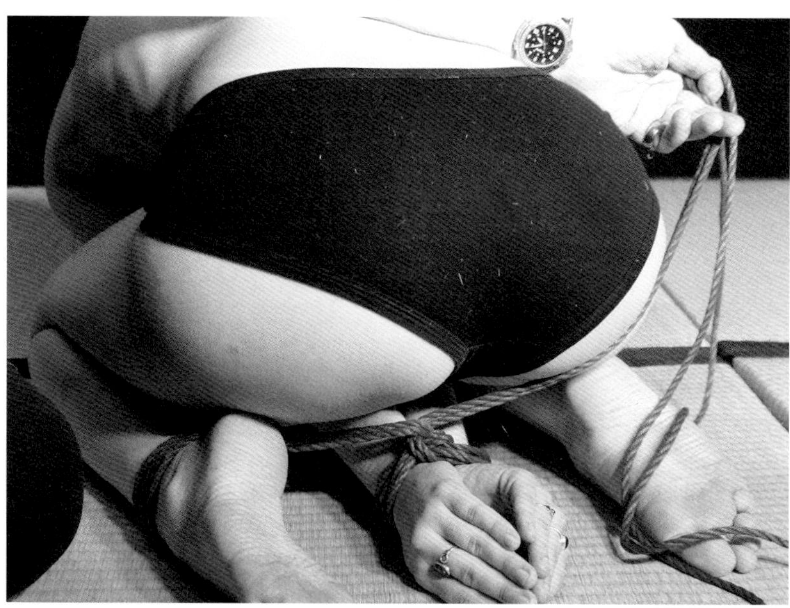

5 *Das Seil geht zum zweiten Bein.*

6 *Auch hier zwei Wicklungen.*

7 *Die mit einem einfachen Doppelknoten gesichert werden.*

8 Den zweiten Knoten kann man zum schnell öffnen so anlegen, dass man das Seil nur halb durchzieht, so dass es eine Schleife bildet.

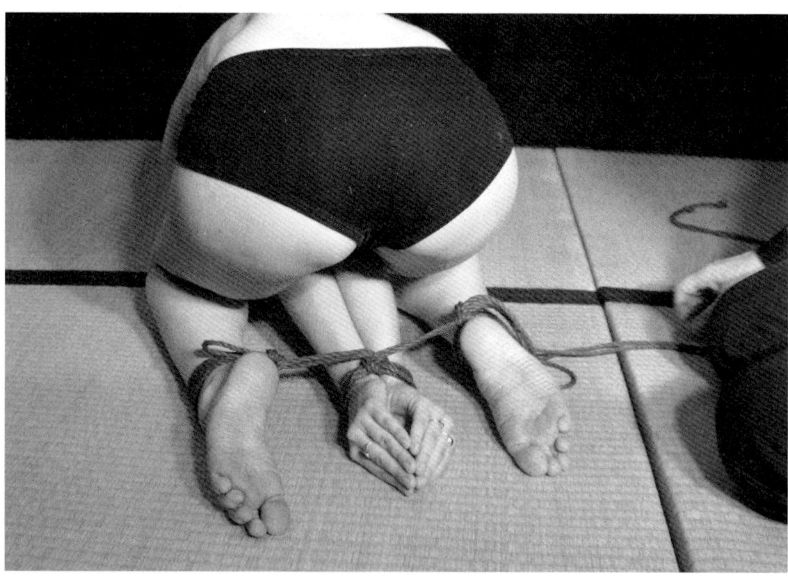

9 Jetzt kann man sich einiges einfallen lassen, was man jetzt mit dem Hinterteil anfangen könnte ...

9.4. Bondage im Stehen

9.4.1. Arme nach oben über den Kopf

1 *Die Hände werden Handflächen nach innen vor dem Körper zusammengelegt.*
2 *Zur Fesselung der Handgelenke kommt der bekannte ›Basisknoten‹ zum Einsatz.*

3 *Dabei sollte man darauf achten, dass die Handgelenke Spiel haben, das heißt, die Fesselung sollte eher locker sitzen.*
4 *Sobald die Hände über den Kopf genommen werden, werden die Arme auseinander gedrückt, was die Handgelenksfesselung enger macht. Die Arme sollten dabei nicht ganz nach hinten genommen werden.*

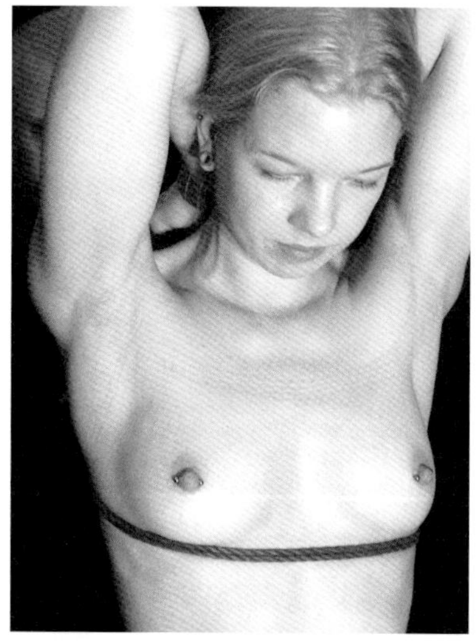

5 *Das Seil geht vorne unterhalb der Brust bzw. der Brustwarzen um den Körper.*
6 *Zurück auf den Rücken.*

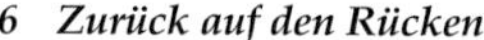

7 *Dort wird es unter dem von den Handgelenken kommenden Seil hindurch gezogen.*
8 *Mit dem Seil wird dieses auf die Mitte des Rückens parallel zur Wirbelsäule gezogen. Dabei werden die Hände etwas weiter nach hinten unten gezogen. Wenn es jetzt in den Schultern zieht, sind die Hände zu weit unten.*

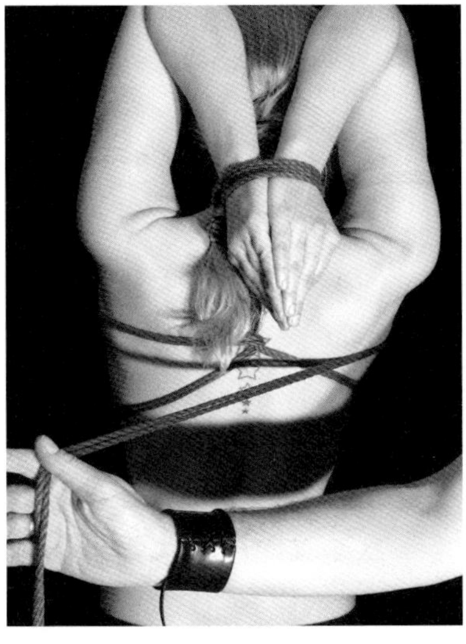

9 *Das Seil geht jetzt erneut um den Körper herum, diesmal oberhalb der Brustwarzen bzw. der Brust. Das Seil sollte dabei nicht in der Achsel sitzen sondern deutlich darunter.*

10 *Das Seil geht jetzt durch das ›V‹ welches durch die vorherigen Seillagen gebildet wird.*

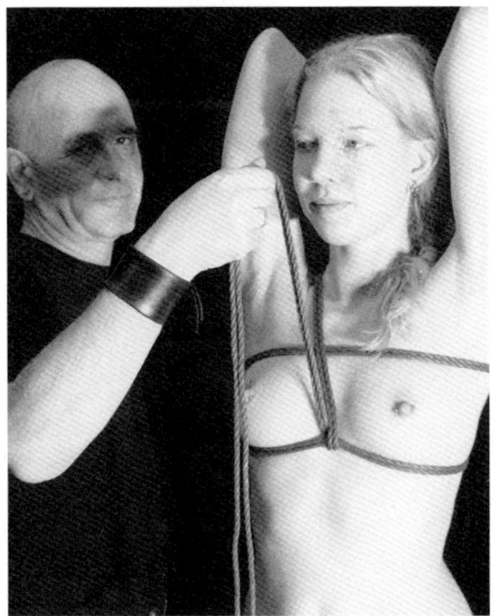

11 *Wenn noch genug Seil übrig ist, kann man ein weiteres ›V‹ zwischen den Brüsten anlegen.*

12 *Dabei geht das Seil unter der unteren Seillage hindurch.*

13 Dabei sollte man darauf achten, dass es durch eine Verdrehung auch sitzt.
14 Zurück auf dem Rücken...

15 ... geht es unter dem Seil der oberen Lage hindurch.
16 Wird einmal von rechts...

17 ... und von links um das Mittelseil gewickelt.
18 Damit ist die Fesselung fertig. Wenn man jetzt die Hände befreit, bleibt der Rest der Oberkörperbondage an seinem Platz.

Sicherheitshinweis: Es gibt eine Menge Menschen, deren Kreislaufsituation so instabil ist, dass eine Stellung in der die Arme höher als der Kopf sind, zu einem Absacken des Kreislaufs führen kann. Sollte der Gefesselte in dieser Stellung umfallen, muss gewährleistet sein, dass er sich nicht irgendwo verletzen kann.

9.4.2. Kopf-Käfig mit den Armen oben

1 *Als Basis braucht man am besten eine Fesselung wie die vorher beschriebene Oberkörperfesselung. Mit einem im Zentrum neu angesetzten Seil geht es weiter.*

2 *Nach oben um den Oberarm und weiter durch den Mund zum anderen Oberarm und dann nach hinten.*

3 *Das Oberarm-Seil wird einmal umgeschlagen und dann geht die Fesselung in die andere Richtung einmal um Oberarme und Kopf herum.*

4 *Das sollte dann von vorne so aussehen. Man hätte natürlich ein Tuch als Knebel unter die Seillagen packen können.*

5 *Jetzt wird das Seil ein Stück höher um die Oberarme gezogen und auch hier doppelt gelegt. Dabei sollte das Seil ohne zu großen Druck über die geschlossenen Augen laufen.*

6 *Das Seil wird jetzt auf dem Rücken fixiert.*

7 *Damit sind die Seillagen erstmal gegen ein Verrutschen gesichert.*

8 *Noch besser ist es natürlich, das Seil von hinten zwischen Armen und Kopf hindurch zu führen und damit die Seile im Mund enger zu ziehen – dabei darauf achten, dass es nicht in die Mundwinkel reißt.*

9 Das Ganze auf der anderen Seite wiederholen. Natürlich kann man das Gleiche auch an den Seillagen machen, die über die Augen gehen.

10 So sieht der Kopf-Käfig von vorne und von hinten aus.

9.4.3. ›Schulterblatt kratzen‹ – Ein Arm vor dem Hals

1 Zuerst wird ein Handgelenk mit dem ›Basisknoten‹ gefesselt. Der Arm wird vor dem Hals möglichst weit nach hinten geführt.

2 Von dort geht das Seil um das andere Handgelenk.

3 *Dort gibt es dann eine Doppelwicklung um das Gelenk.*
4 *Jetzt wird das Seil unter den Seillagen hindurchgezogen.*

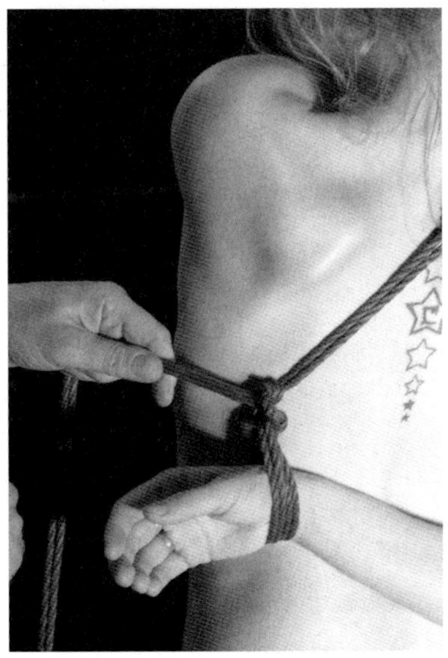
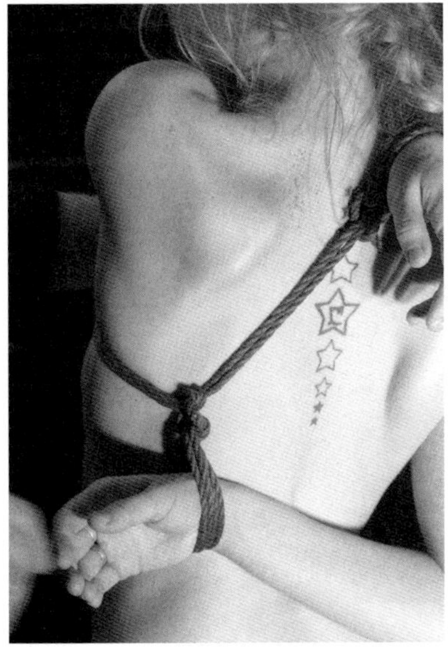

5 *Und mit einem einfachen Knoten festgelegt.*
6 *Von dort geht das Seil nach vorne oberhalb von Brustwarzen bzw. Brüsten.*

7 Und geht über den Oberarm zurück nach hinten.
8 Darüber wird eine parallele Seilwindung gelegt.

9 Diese wird wieder einmal um den Körper und den Oberarm nach hinten zum Mittelsteg geführt.
10 Wo sie mit einer Wicklung links und rechts vom Kreuzungspunkt festgelegt wird.

11 Das Seil wird wieder nach vorne geführt, wo es um den angewinkelten Arm geschlungen wird.
12 Dabei sollten zwei straffe Wicklungen ausgeführt werden, mit einer Schlaufe werden diese am Arm fixiert.

13 Dann geht das Seil über die Schulter zurück.
14 Bis zu den quer verlaufenden Seillagen.

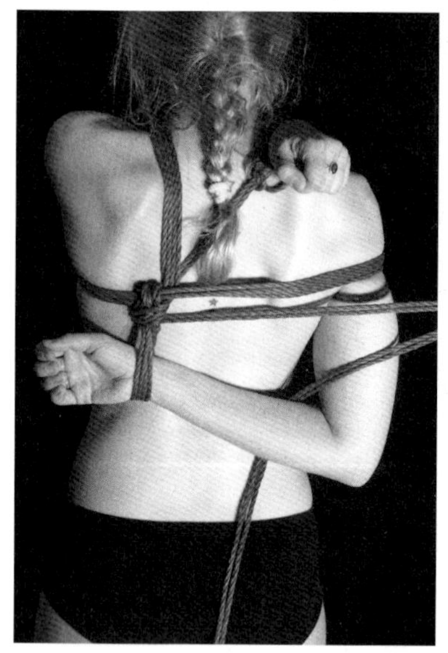

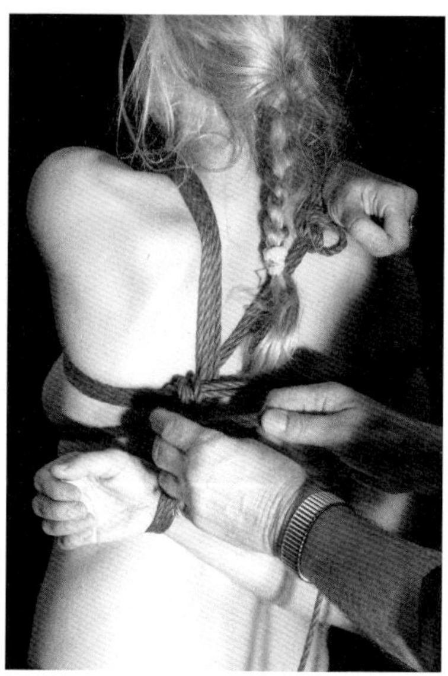

15 Dort wird es festgelegt.
16 Und geht jetzt unterhalb von Brust bzw. Brustwarze um den Körper.

17 Auch hier wird eine weitere Lage parallel gelegt.
18 Auch diese Lagen werden hinten am Mittelseil durch einfache Umwicklungen festgelegt.

19 *Um die Seillagen die über Körper und Arm gehen gegen ein Verrutschen zu sichern, wird das Seil zwischen Arm und Körper nach vorne gezogen.*

20 *Und unter den oberen Seillagen nach oben gezogen.*

21 *Von dort geht es über alle Seillagen zurück zwischen Körper und Armen nach hinten.*

22 *Dort wird es am Mittelstrang festgelegt.*

23 Überzähliges Seil kann man dekorativ aufwickeln.

24 So kann die Fesselung von hinten aussehen.
25 Von vorne sieht man, dass der Arm direkt vor dem Hals liegt.

9.4.4. ›Bogenschütze‹

1 *Ein Handgelenk wird mit dem ›Basisknoten‹ fixiert und nach oben hinten gezogen.*
2 *Der zweite Arm geht auf den Rücken, dort umwickelt das Seil das Handgelenk.*

3 *Ein zweite Wicklung erhöht die Auflagefläche.*
4 *Das Seil wird unter den Seillagen hindurch gezogen.*

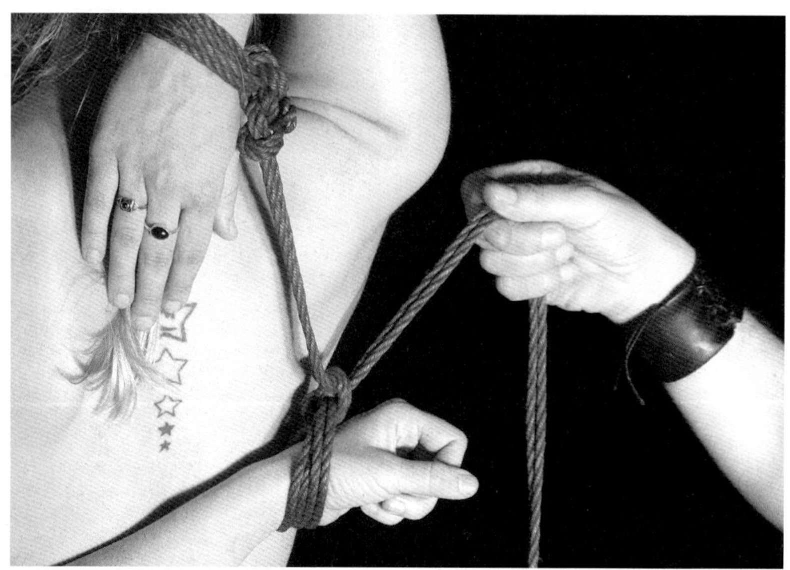

5 *Und mit einem Knoten gesichert.*

6 *Dann wird das Seil um den Körper oberhalb der Brust herum geführt.*
7 *Ein weitere Lage wird parallel zur ersten Wicklung um den Körper gelegt.*

8 Das Seil wird am Mittelseil gegen Verrutschen gesichert.
9 Indem es einmal pro Seite...

10 ... mit einer einfachen Wicklung festgelegt wird.
11 Das Seil wird unter dem Mittelstrang zurück an den Körper geführt.

12 Zwischen Arm und Körper hindurch gezogen.
13 Und über die Seillagen geführt.

14 Dann geht es als Sicherung zurück auf den Rücken.
15 Dort wird es am Mittelseil festgelegt.

16 Der Seilrest wird zwischen zwei Seillagen geschoben.

17 Hier wird ein neues Seil angesetzt, je nach Größe der Person und Länge des Seils kann das an unterschiedlichen Stellen vorkommen. Der so entstandene Knoten darf aber nie zwischen Arm und Körper zu liegen kommen.

18 Das Seil geht jetzt unter dem Arm nach vorne.

19 Und wird um den Arm gewickelt.

20 Um den Arm wird eine zweite Windung gelegt.
21 Das Seil wird halb durchgezogen, dass es eine Schlinge bildet.

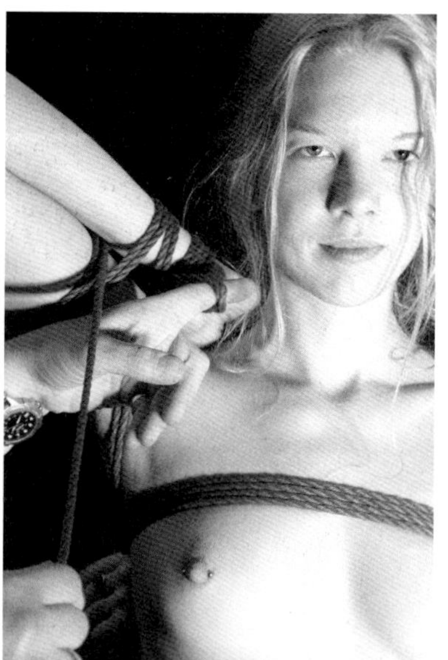

22 Diese Schlinge wird unter den Seillagen nach vorne gezogen.
23 Das Seil wird jetzt durch die so entstandene Schlaufe geführt und nach hinten gezogen.

24 Dort wird es hinten zurück zum Mittelseil bewegt.
25 Unter den Seillagen hindurch gezogen.

26 Mit einer Wicklung um das Mittelseil wird das Seil zurück zum Körper gebracht.
27 Und unterhalb der Brust um den Körper herumgeführt.

28 Parallel dazu wird eine zweite Lage gelegt.
29 Die Seillagen werden am Mittelsteg festgelegt.

30 Von dort geht das Seil zur Sicherung der unteren Seillagen.
31 Indem es zwischen Arm und Körper nach vorne geführt wird und oberhalb der unteren Seillage liegt.

32 Von dort geht es zurück nach hinten.
33 Der Rest des Seils wird hübsch ›verwickelt‹ und gesichert indem man die Knotenenden zwischen zwei Seillagen schiebt.

34 Der fertige ›Bogenschütze‹ von hinten.
35 Und von vorne.

9.4.5. Diamant-Bondage (Oberkörper-Karada mit Doppelseil)

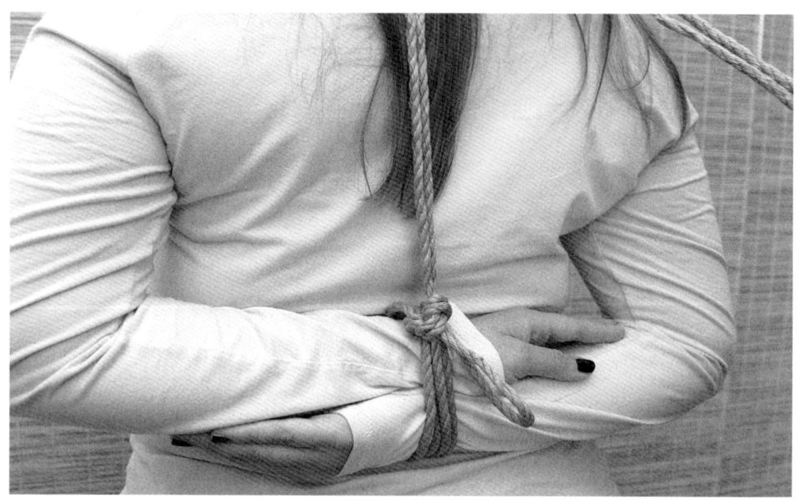

Die Fesselung beginnt mit doppelt gelegtem Seil und dem ›Basisknoten für 2 Glieder‹.

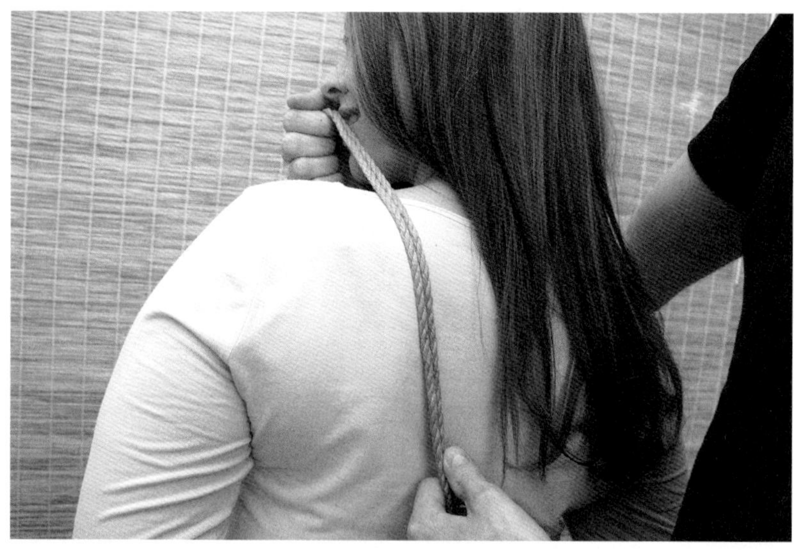

Nun wird das Seil über die linke Schulter gelegt und leicht gespannt, so dass die Unterarme ungefähr waagerecht liegen. Ein spiegelsymmetrischer Aufbau ist natürlich auch möglich.

Das Seil läuft dann diagonal über die Brust und auf der anderen Körperseite zurück auf den Rücken.
Man führt es einmal komplett um die Taille.

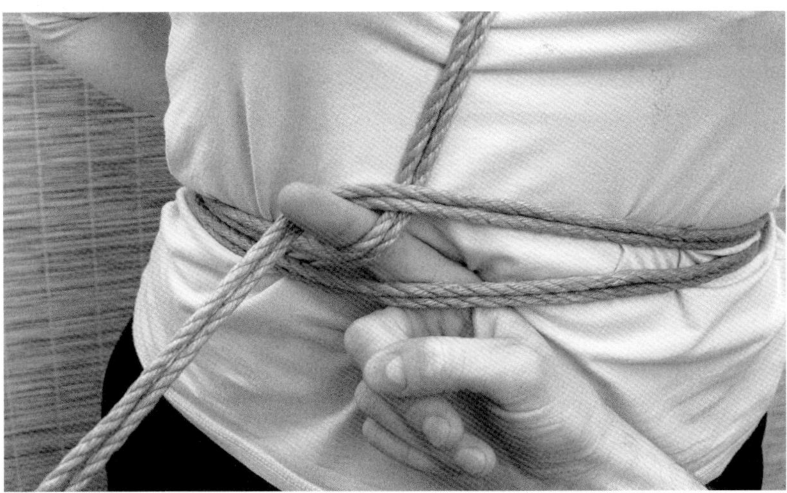

Und fängt dann vorne vor dem Bauch das diagonale Seil. So wird eine Doppellage auf Taillenhöhe gebildet.

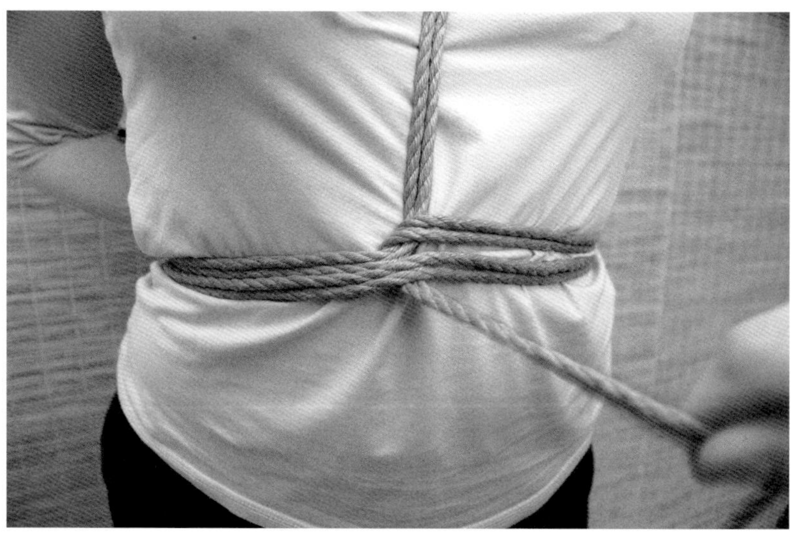

Hierzu das Seil über das diagonale Seil legen, unter dem Taillenseil nach unten hindurch ziehen.

Und nach oben in parallele Richtung des diagonalen Seils ziehen. Die entstandene Schlinge sollte dabei mittig am Körper sitzen.

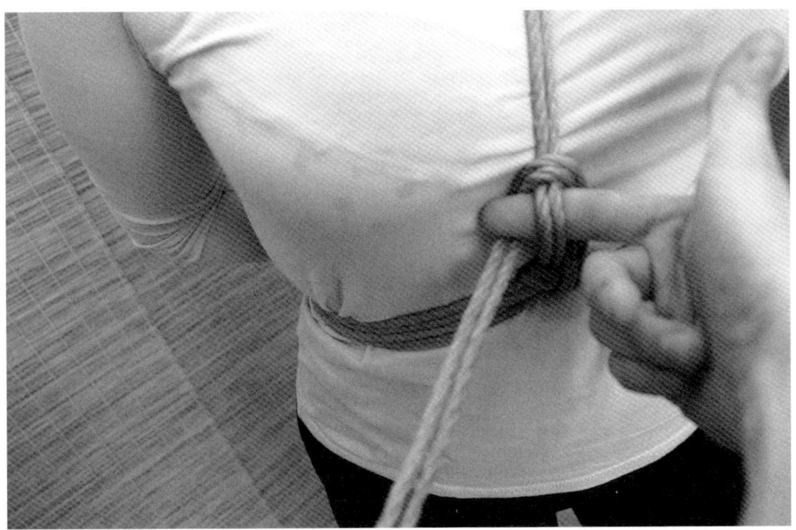

Jetzt kann man das nun doppelt laufende Seil nah an der Schlinge wie gezeigt stoppen, um diese zu stabilisieren. Dieser Schritt kann aber auch ausgelassen werden.

Um zu stoppen, die nun parallel laufenden Seile kreuzen, das Seil um das diagonale Seil winden und zwischen den parallelen Seilen hindurchziehen.

So sollte das Ergebnis aussehen.

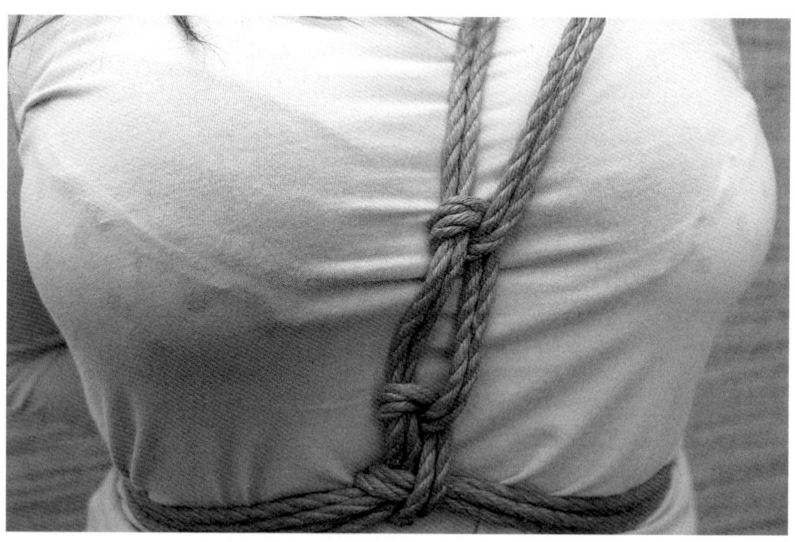

So einen Seilstopp in jedem Fall am diagonalen Seil mittig auf der Brust setzen.

Und in symmetrischem Abstand oberhalb der Brust.
Achtung:
Nicht zu stramm und nah Richtung Hals, siehe CSV-Reflex-Gefahr (siehe Seite 63).

Das Seil kreuzt dann das diagonale Seil und läuft über die anderer Schulter zurück. Hierbei wird das diagonale Seil mit den gestoppten Schlaufen mittig auf dem Körper ausgerichtet.

Gegebenenfalls wird an dieser Stelle ein neues Seil per Ankerstich angesetzt. Falls es woanders angesetzt wird, bitte die Hinweise zur Platzierung von Knoten am Körper beachten.

Mit dem Seil fängt man das vorhandene Schulterseil der anderen Körperseite ein und zieht damit das zu den Handgelenken laufende Seil, nun Steg genannt, in eine senkrechte Ausrichtung.

Anschließend stoppt man das Seil und setzt dafür einen Knoten auf Höhe der ersten waagerechten Doppellage, die nun folgt.

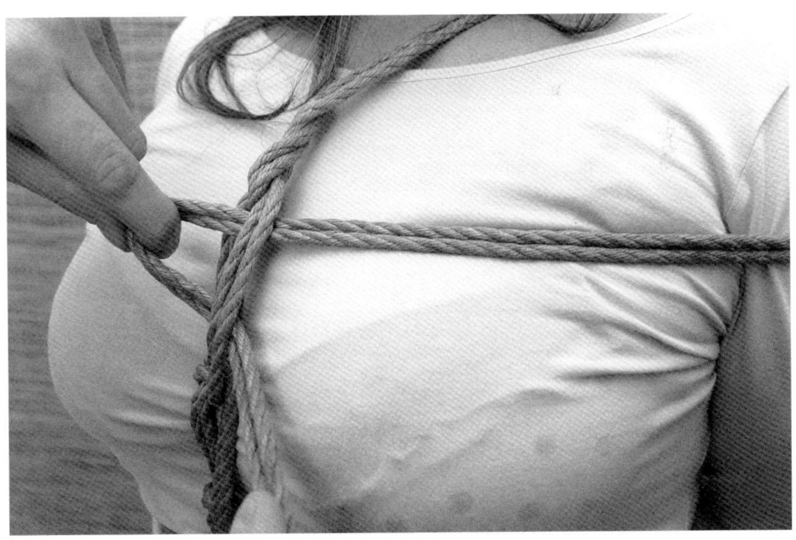

Hierzu führt man das Seil um den Oberarm herum nach vorn und fängt dort die obere der aufgebauten Seilschlaufen.

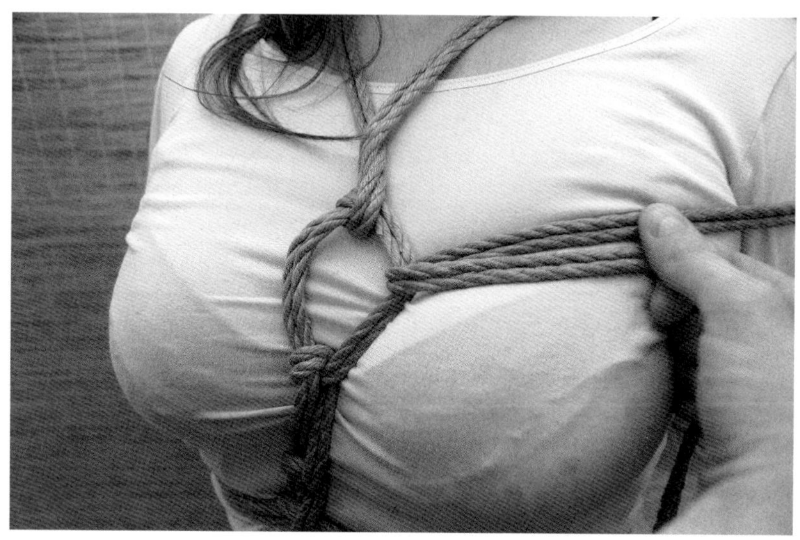

Das Seil wird mit moderatem Zug zurückgeführt, so dass sich oberhalb der Brust ein Dreieck aus der Seilschlaufe bildet. Hierbei kann man die andere Seite der Schlaufe per Hand stabilisieren, während man den nötigen Zug ermittelt.

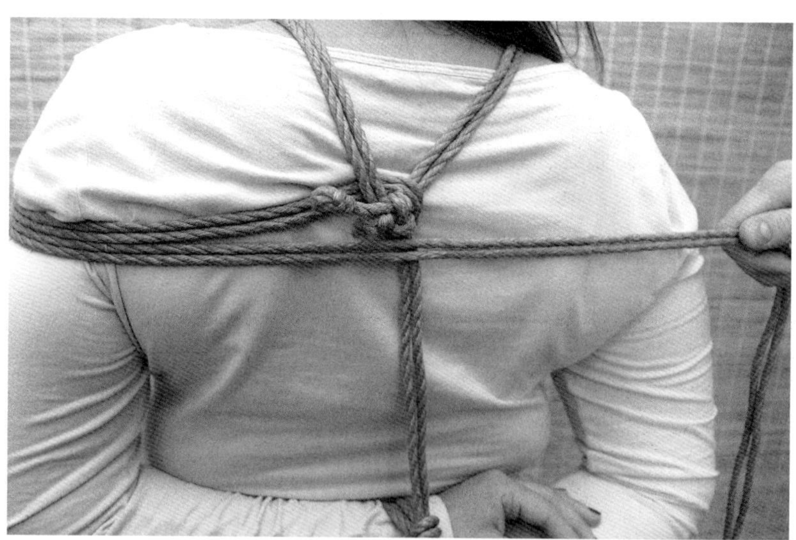

Das Seil läuft über den Arm und Rücken zurück, über den Steg und den anderen Arm.

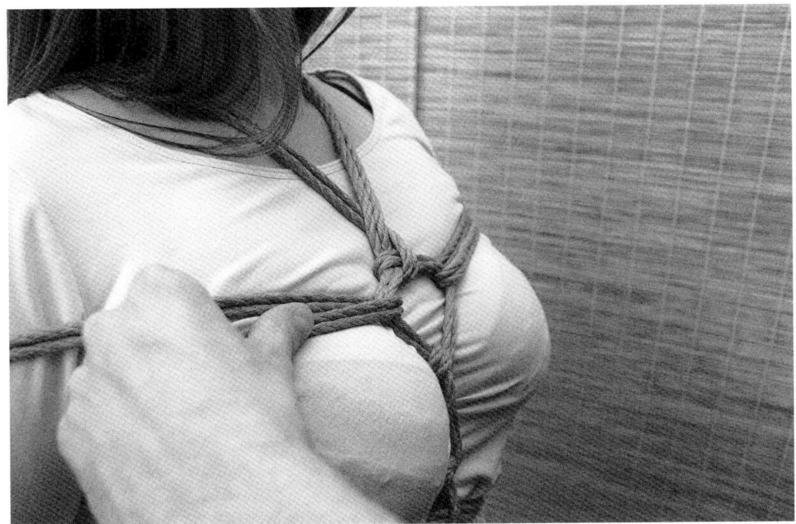

Und fängt dann vorn die andere Seite der Seilschlaufe. Nach leichtem Zug bildet sich die in dieser Technik gewünschte Rautenform zwischen den oberen Doppellagen.

Das Seil wird zurück auf den Rücken geführt und fängt die Doppellage, um sie am Steg festzulegen.

Hierzu beispielsweise das Seil über den Steg führen, hinter der Doppellage hindurch nach oben ziehen und parallel zum Steg nach unten ausrichten.

Dann hinter dem Steg hindurchziehen und senkrecht nach oben laufend die Doppellage fangen.

Nah am Körper bleibend, zieht man das Seil dann auf die andere Seite des Stegs.

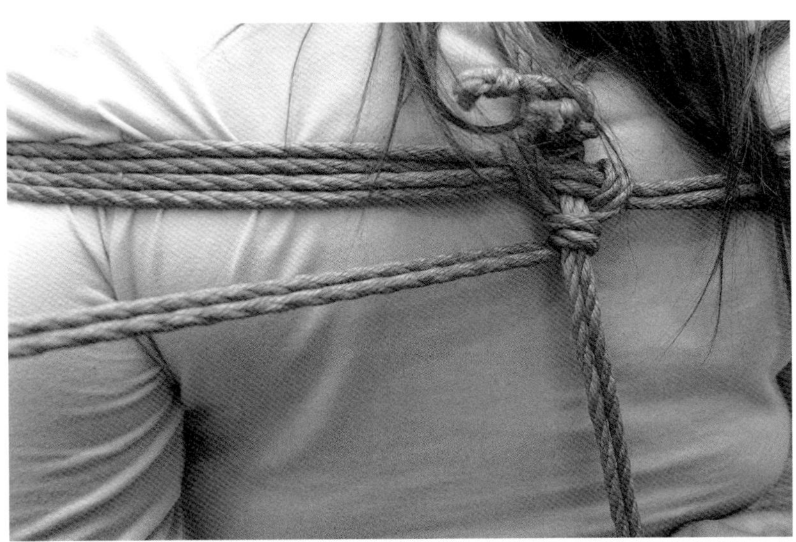

Um die Technik anschließend durch eine komplette Windung um den Steg festzulegen.

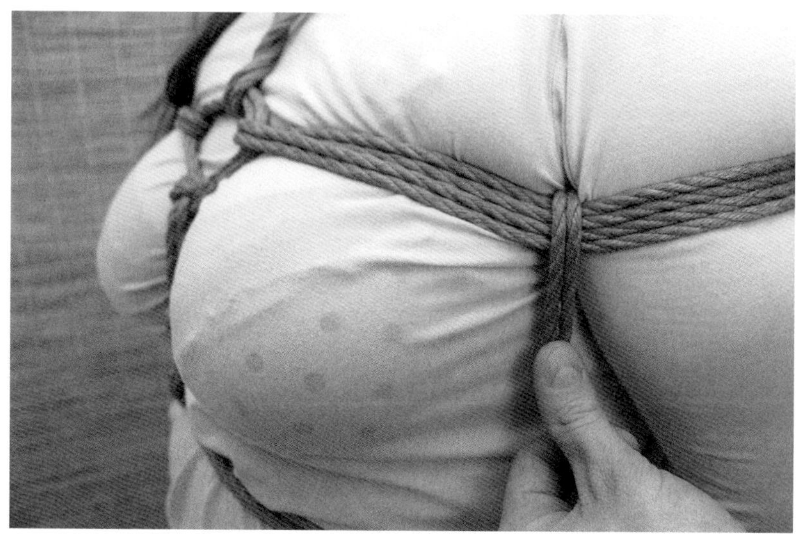

Das Seil nun zwischen Oberarm und Körper hindurchziehen, um die Doppellage mit einem Sicherungsseil zu versehen. Sauber arbeiten, ohne Windungen und gestauchte Seillagen!

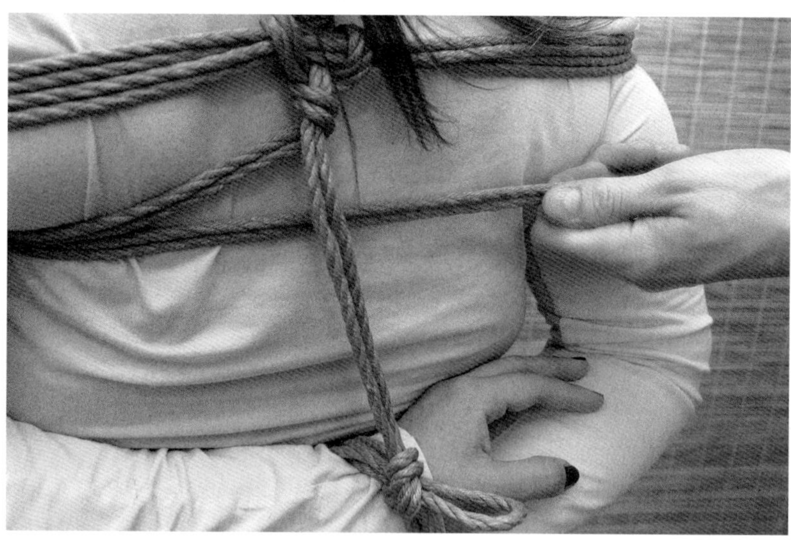

Das Seil zurück auf den Rücken und hinter(!) dem Steg hindurch und auf die andere Körperseite führen.

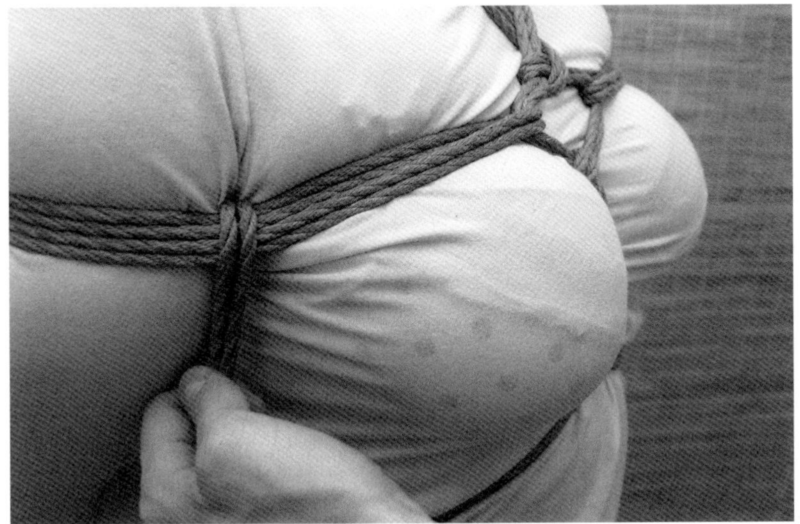

Hier analog ein Sicherungsseil setzen.

Zurückgeführt auf den Rücken, läuft das Seil über den Steg auf die andere Körperseite.

Zum Abschluss der oberen Fessellage kann hier ein Seilstopp gesetzt werden.

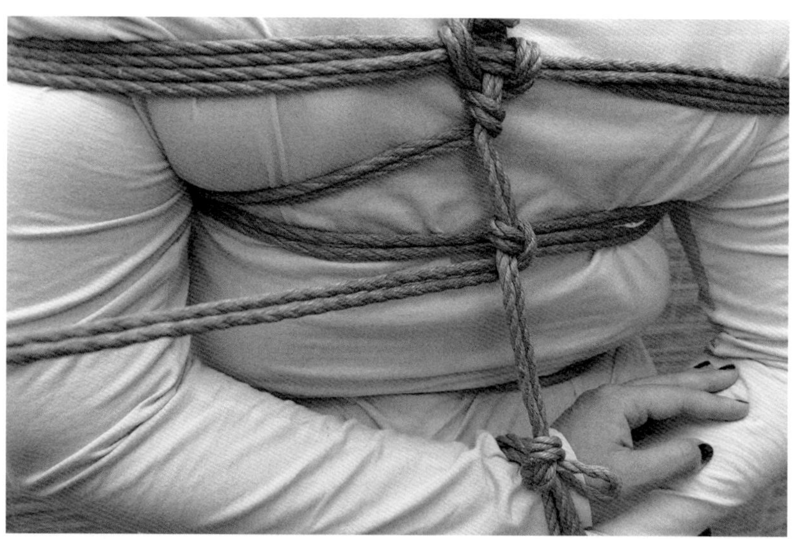

Werden Festlegetechniken sicher beherrscht, kann man auf diesen Zwischenschritt auch verzichten.

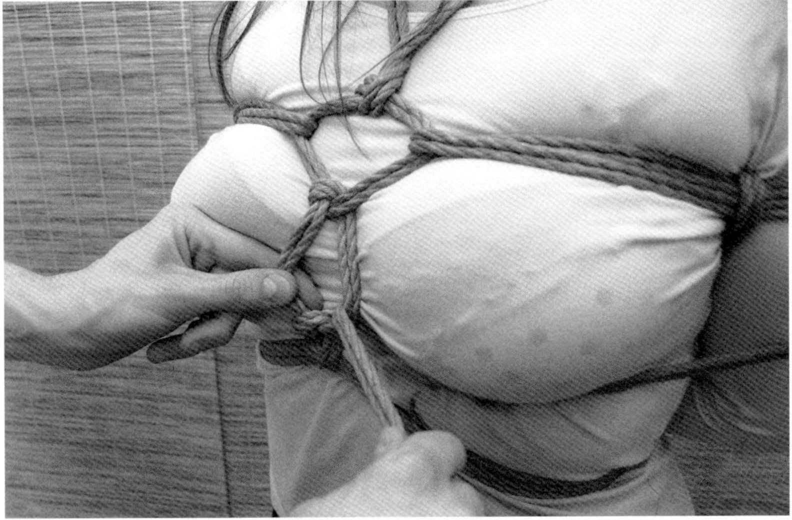

Das Seil läuft wieder über den Oberarm nach vorn, unterhalb der Brust zur Körpermitte, und wie schon bei der oberen Lage wird nun langsam die untere Raute aufgezogen.

Dann führt man es auf dem Rücken über den Steg zurück zur anderen Körperseite.

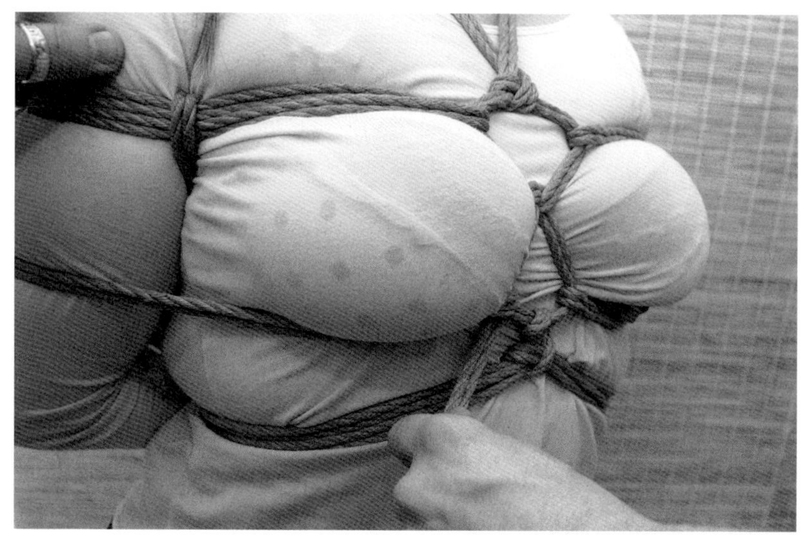

Und fängt dort die untere Schlaufe auf der anderen Seite, um die zweite Raute abschließend zu formen. Ich musste hiervor das dritte Seil ansetzen, das mag aber variieren.

Das Seil läuft zurück auf den Rücken und legt die untere Doppellage am Steg fest.

Dies geschieht analog zur oberen Doppellage.

Die Technik hierzu kann abweichen, sofern man beispielsweise den vorher beschriebenen Seilstopp am Steg im Anschluss an die oberen Sicherungsseile nicht setzte.

Wie auch immer man es tut, man sollte Sorge tragen, auch hierbei nicht das freie Seil, das zwischen den oberen beiden Sicherungsseilen verläuft, mit einzubauen.

Abgeschlossen mit einer kompletten Windung um den Steg werden nun die beiden unteren Sicherungsseile gesetzt.

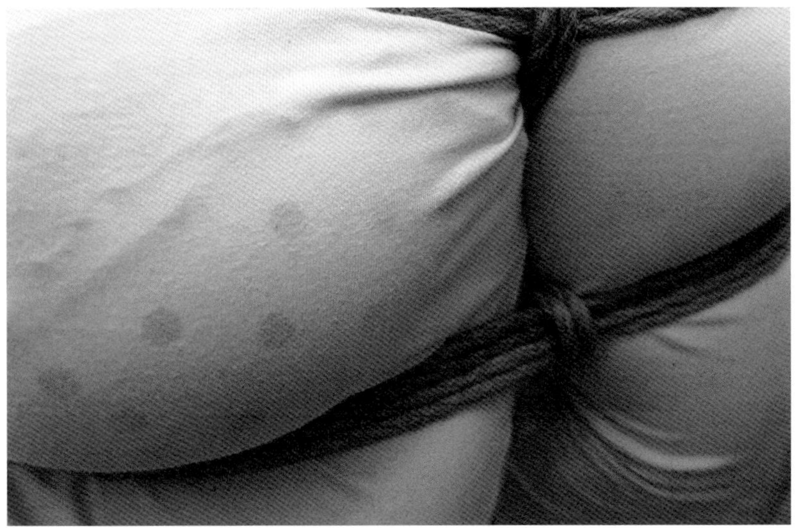

Hier noch einmal beispielhaft gezeigt, so auch auf der anderen Körperseite. Daran denken, das Seil von der einen zur anderen Körperseite auf dem Rücken hinter dem Steg zu führen.

Hat man beide unteren Sicherungen gesetzt, beschließt man die Technik mit einer kompletten Windung um den Steg.

Legt man das Seil nun an einer Doppellage fest, ist die Fesselung funktionell und im Grunde abgeschlossen.

Man kann die Technik jedoch für mehr Stabilität im Basisknoten noch fortsetzen und das Seil zu den Handgelenken zurückführen.

Hier das Seil durch die Doppellage des Basisknotens hindurchführen.

Eine Windung setzen.

Und das Seil dann an der unteren Doppellage stoppen. Bitte nach wie vor im Auge behalten, den Basisknoten auch hierbei frei zugänglich zu belassen.

Nun ist die Fesselung komplett – und der kreative Part beginnt. Das restliche Seil muss noch verbaut und die Seilenden abschließend sicher verklemmt werden.

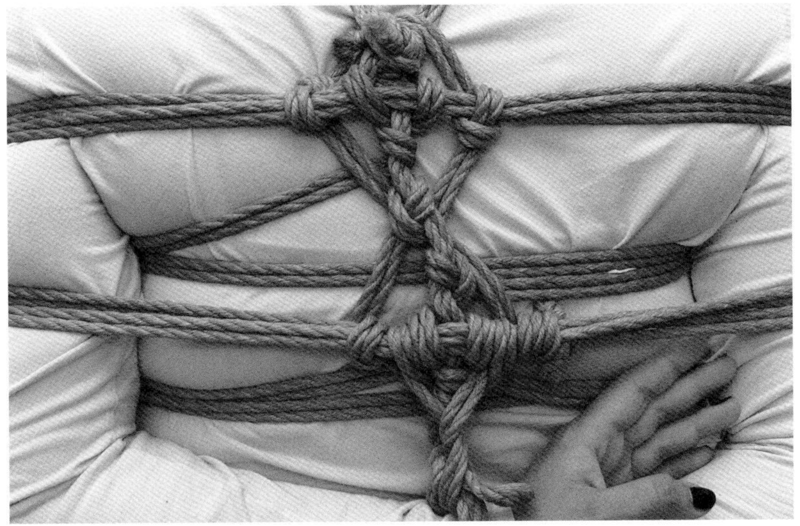

Ich entscheide mich hier dafür, das restliche Seil beispielhaft für eine X-Variante auf dem Rücken zu benutzen als eine von vielen Möglichkeiten.

Die fertige Fesselung.

Diese Serie ist von Matthias Motl (seilwerk@googlemail.com) gefesselt und produziert worden.
Danke an Nora für's ›Modellstehen‹.
Die Bilder dieser Serie sind von LucitheR (lucither@lucither-lebenskunst.de), auch ihm sei hier gedankt.

9.4.6. Schrittseil mit Seilkorsett (Matanawa)

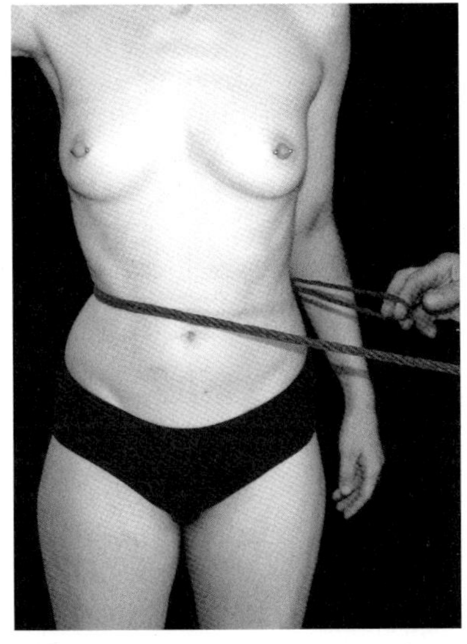

1 *Das Doppelseil wird einmal um die Taille gelegt.*
2 *Dann wird es durch die Schlaufe gezogen.*

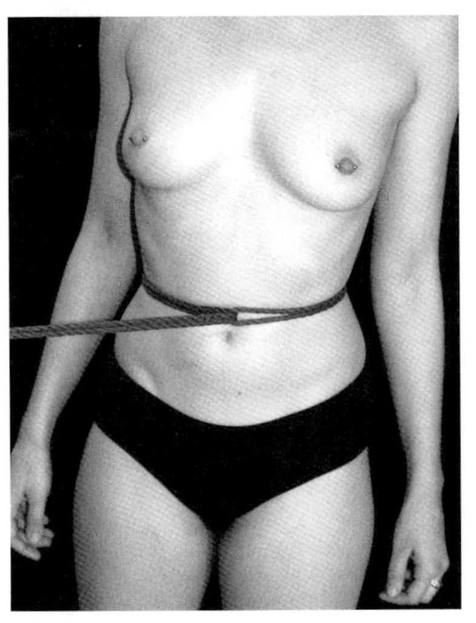

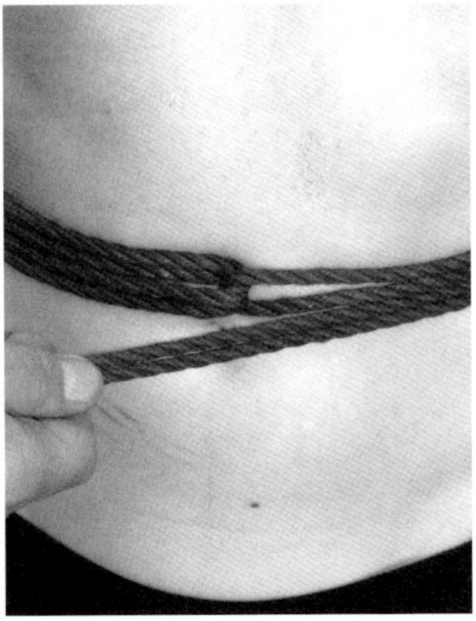

3 *Und straff gezogen.*
4 *Jetzt wird das Seil gegenläufig ein weiteres Mal um die Taille gelegt, darauf achten, dass die Seillagen parallel bleiben.*

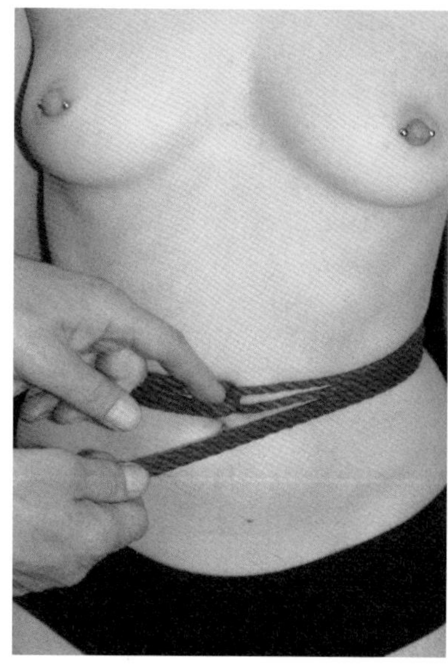
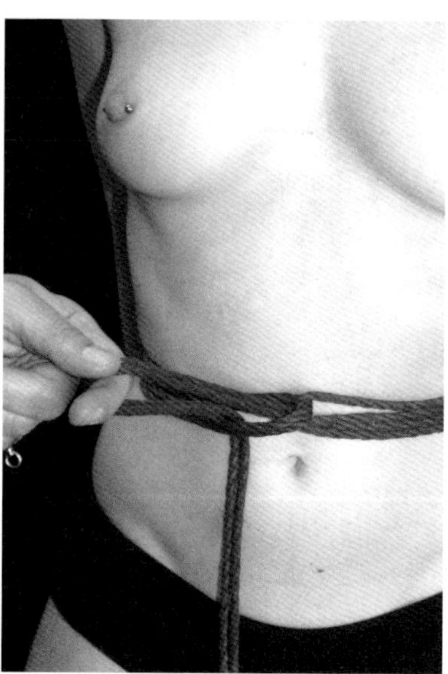

5 *Vorne angekommen greift man in die Schlinge, die die Seillagen gebildet haben.*
6 *Zieht das Seil hindurch.*

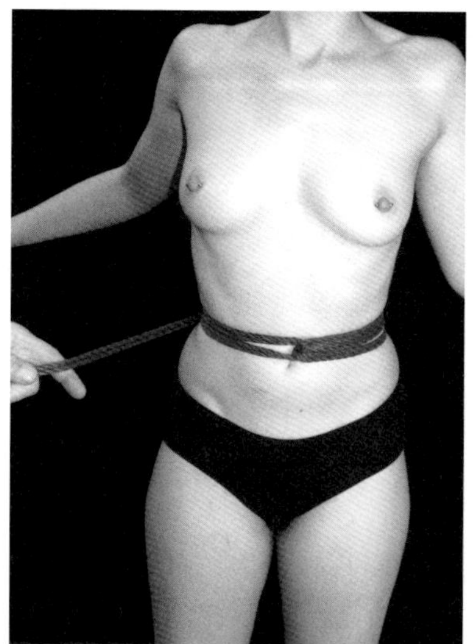
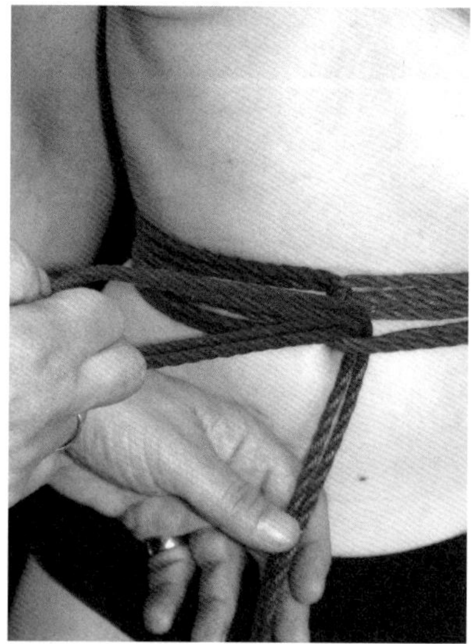

7 *Und führt es in der Gegenrichtig erneut um den Körper.*
8 *Vorne wird es durch die neu entstandene Schlinge gezogen und wieder in Gegenrichtung um den Körper gelegt.*

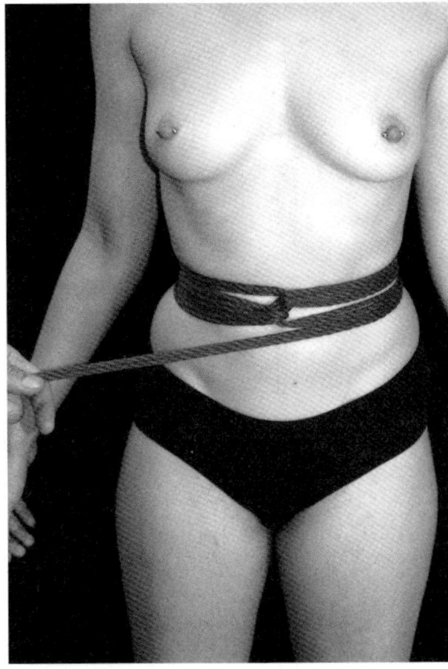
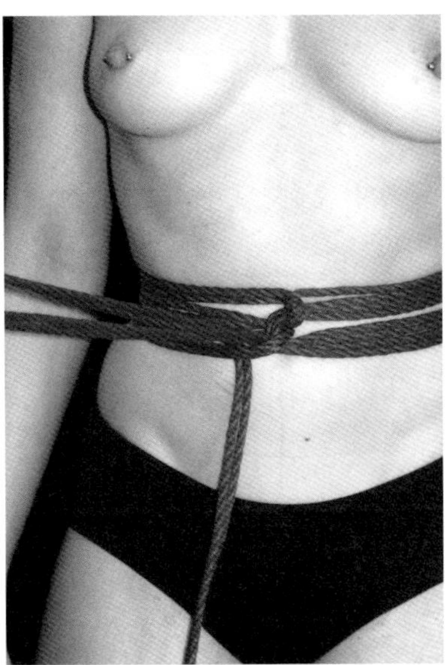

9 Das wiederholt man in stetem hin und her.
10 Dabei benutzt man jeweils die vorher entstandene neue Schlinge.

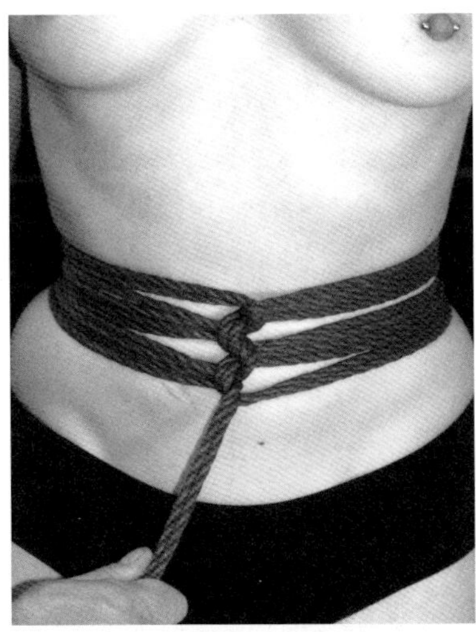
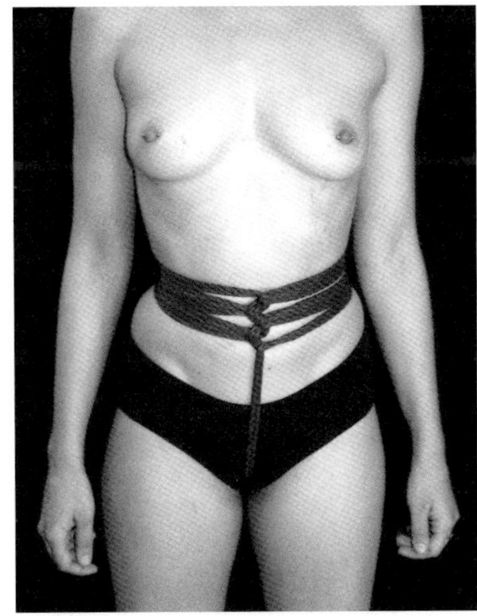

11 So erzeugt man ein kleines Seilkorsett, natürlich kann man das mit längerem oder angesetztem neuen Seil deutlich vergrößern.
12 Sobald noch etwa 80 Zentimeter übrig sind wird das Seil zwischen den Beinen nach hinten geführt.

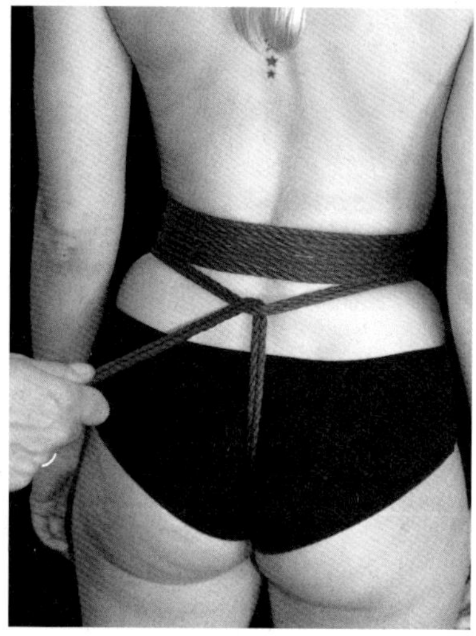

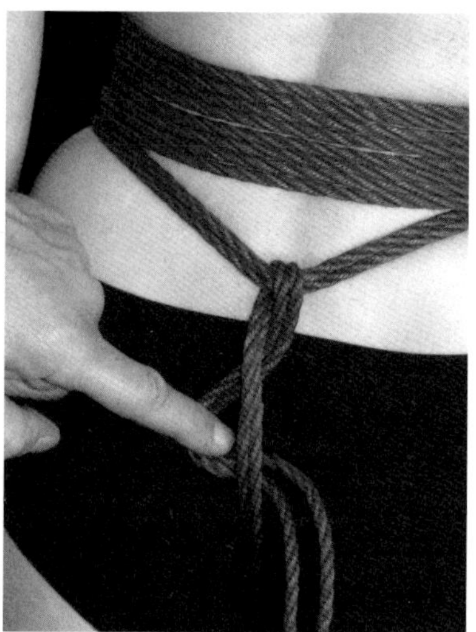

13 Dort wird es unter der untersten Doppellage des Korsetts hindurchgezogen - dabei sollte man darauf achten, dass zwischen den Beinen alles so sortiert ist, das nichts klemmt oder zwickt.

14 Das Ende des Seils wird unter das zwischen den Beinen verlaufene Seil gezogen.

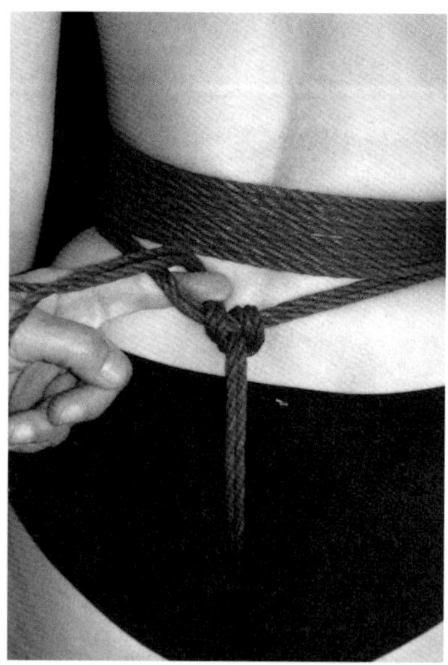

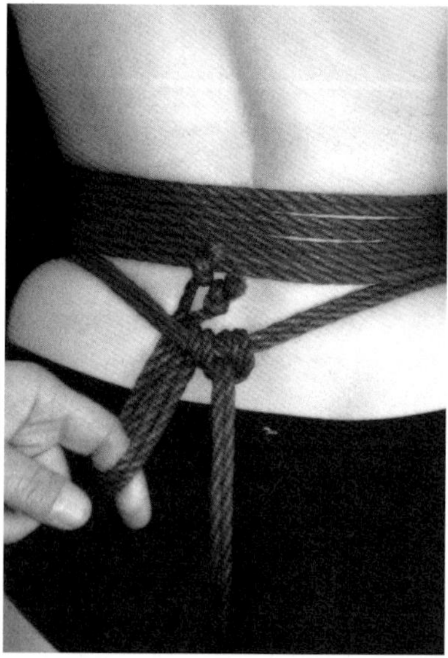

15 Und durch zwei Wicklungen am Taillenseil festgelegt.

16 Das Seil geht wieder zurück an den Körper.

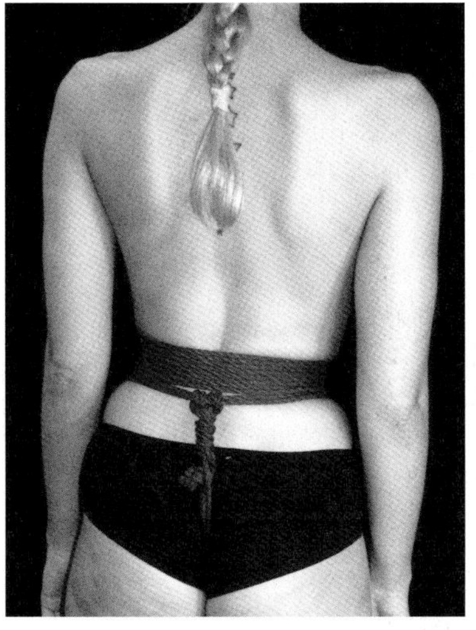

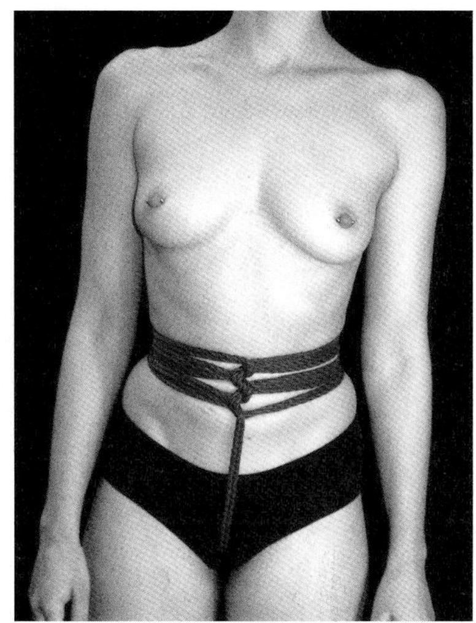

17 Das letzte Stück wird sauber verwickelt.
18 Von vorne sieht es dann so aus.

9.4.7. Unterkörper-Harness

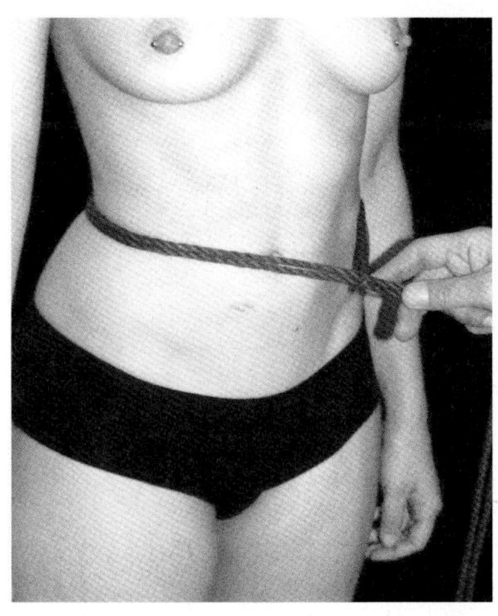

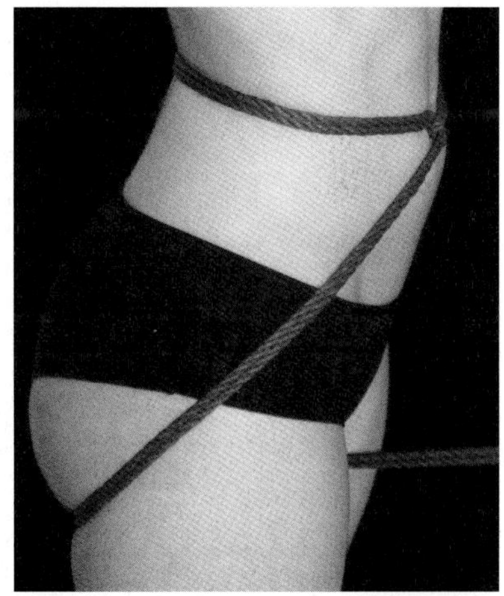

1 Das Doppelseil wird einmal um die Taille geschlungen und durch die Schlaufe gezogen, die mittig auf dem Bauch sitzen muss.
2 Von dort geht das Seil weiter nach hinten unter der Pobacke entlang und kommt vorne zwischen den Beinen wieder hervor.

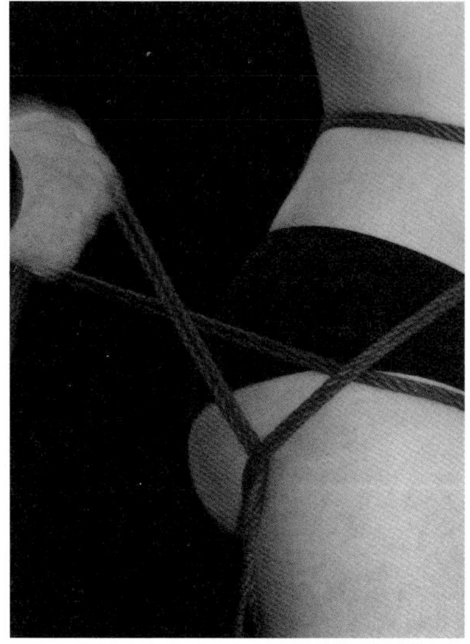

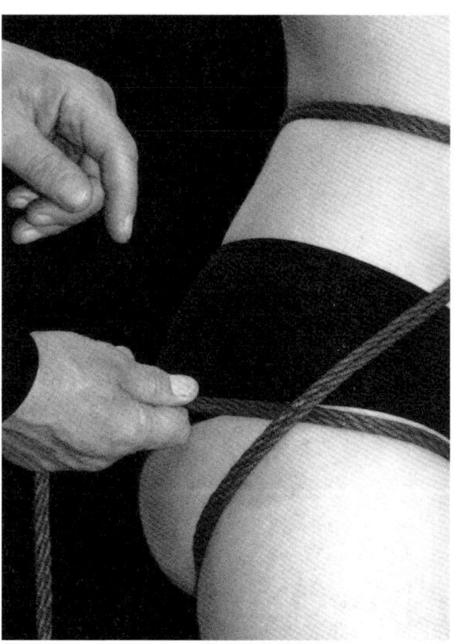

3 *Es geht weiter zum Oberschenkel und wird unter dem von oben kommenden Seil hindurch gezogen.*

4 *Dabei sollte das Seil straff bleiben.*

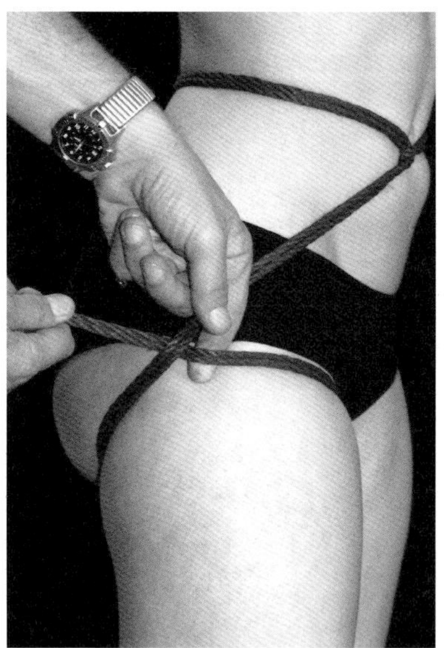

5 *Jetzt greift man mit dem Zeigefinger vor der Kreuzung der Seillagen unter das Seil.*

6 *Und zieht das Seil mit dem Finger nach vorne heraus.*

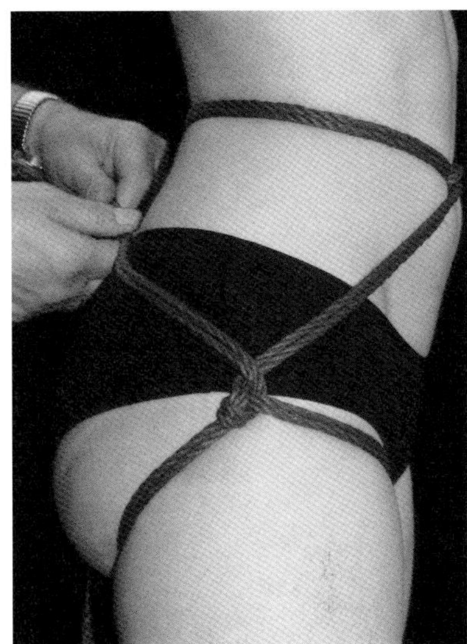

7 *Auch dabei darauf achten, dass das Seil und die so entstandene Wicklung straff sitzen.*

8 *Nun wird das Seil weiter nach hinten oben zu der Taillen-Wicklung geführt.*

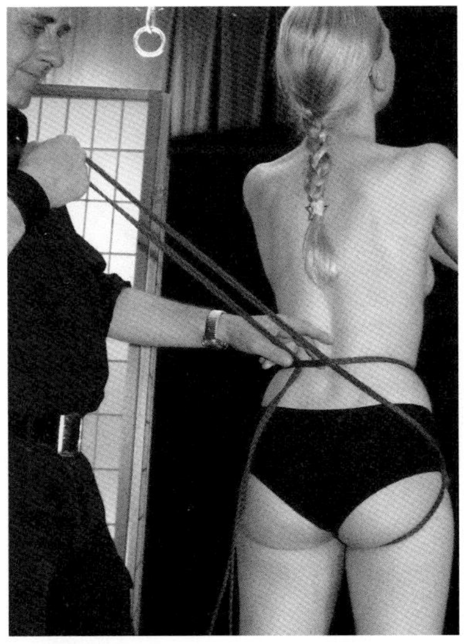

9 *Unter dem Taillen-Seil hindurch gezogen.*

10 *Durch erneutes Hindurchziehen wird das Seil kreuzweise am Taillenseil festgelegt.*

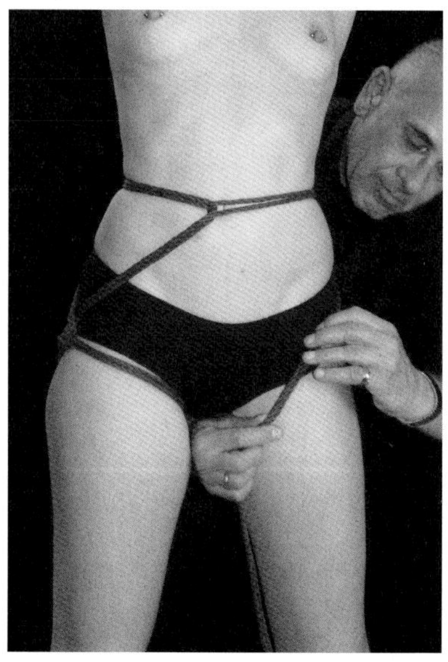

11 Es wird um den Körper nach vorne geführt.
12 Um den Oberschenkel und zwischen den Beinen nach hinten zurück gelegt.

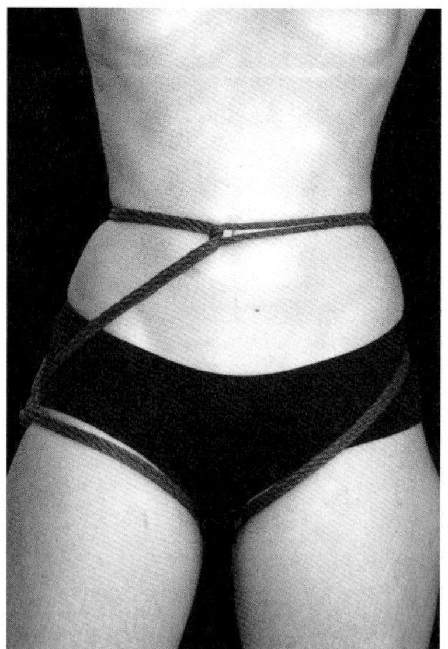

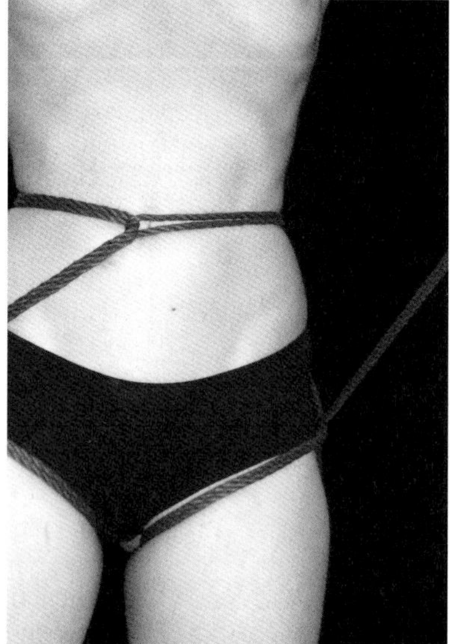

13 Und sollte dann unter der Pobacke liegen.
14 Das Seil wird unter dem von oben kommenden Seil hindurch gezogen.

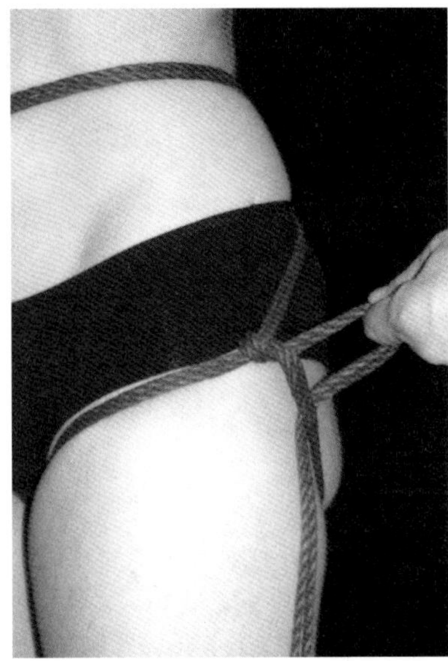

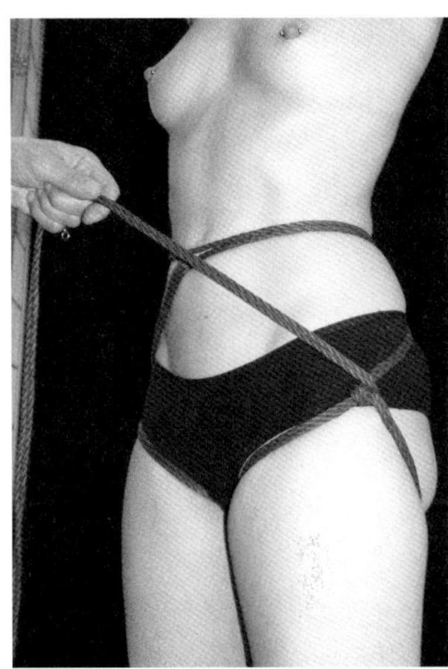

15 Es geht jetzt unter dem von unten kommenden Seil hindurch.
16 Wobei jetzt beide Seillagen aneinander festgelegt sind.

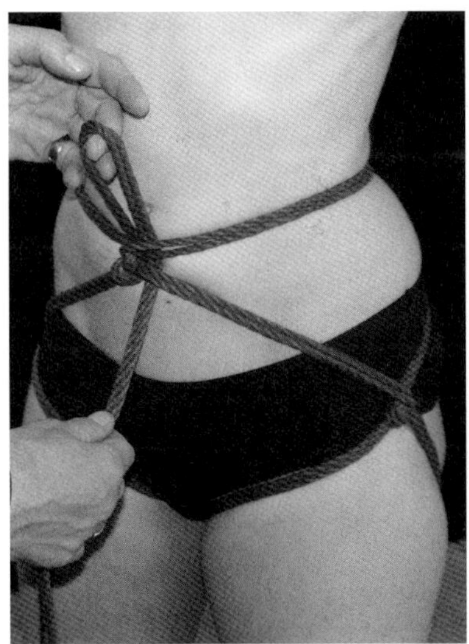

17 Nun geht es zum Taillenseil wobei es in das V aus Taillenseil und dem ersten nach unten laufenden Seil eingehängt wird.
18 Jetzt zieht man eine kleine Schlaufe unter dem Taillenseil hervor.

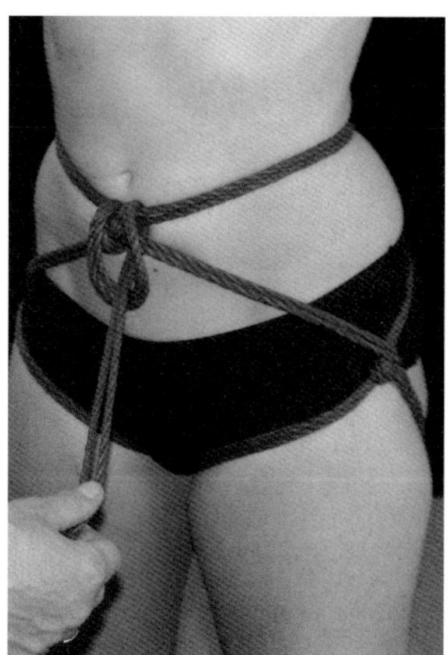

19 Durch diese wird das Seil gezogen.
20 Dabei wird die Schlaufe enger gezogen.

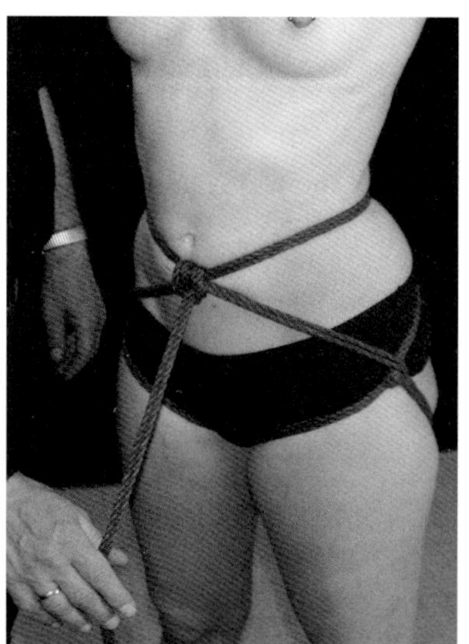

21 Bis sie die Seillagen fest umgreift.
22 Danach kann das Seil zwischen den Beinen hindurch nach hinten gezogen werden, bitte beachten, dass dort recht empfindliche Körperteile sitzen.

23 Das Seil wird unter den Seillagen, die um den Körper laufen, hindurch gezogen.
24 Durch Wicklungen links und rechts der Mitte festgelegt.

25 Die Reste werden hübsch verwickelt und fertig ist das ›Seil-Höschen‹.

9.4.8. Ellbogen-Fesselung

1 *Die nach hinten ausgestreckten Arme werden an den Handgelenken mit dem ›Basisknoten‹ gefesselt, dabei wird das Seil abweichend einmal um die Wicklungen gelegt.*

2 *Erst dann wird der Doppelknoten gemacht.*

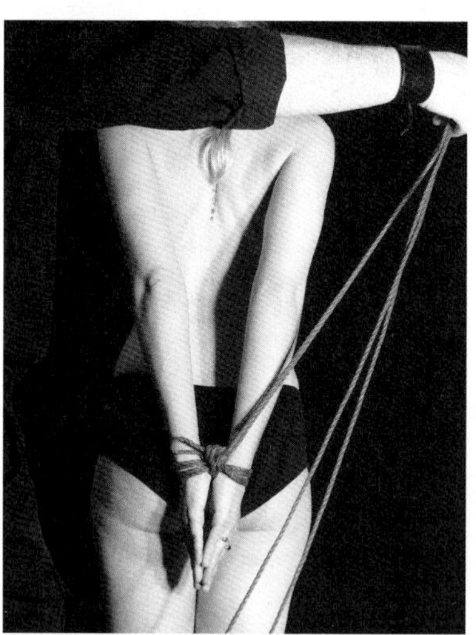

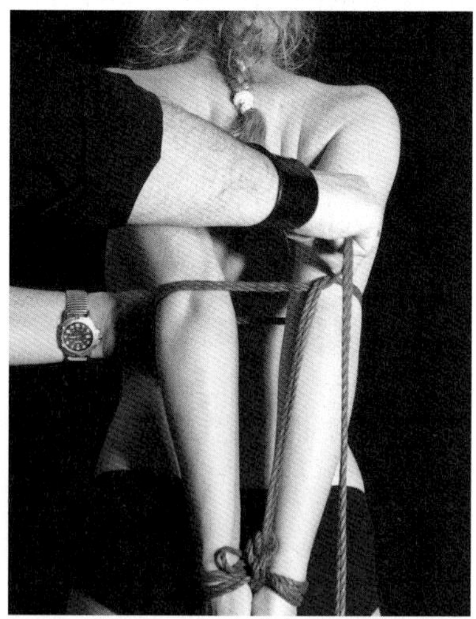

3 *Von dort wird das Seil die Arme hoch geführt.*

4 *Dort wird eine Wicklung um beide Arme oberhalb des Ellenbogens gemacht und dann das Seil unter der Wicklung nach oben durchgezogen.*

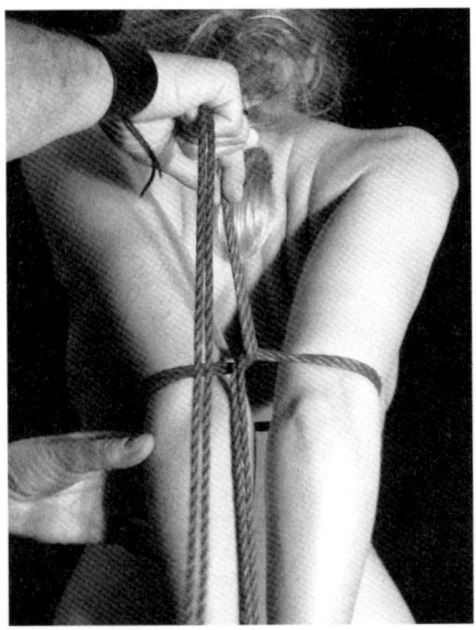

5 *Damit werden die Ellbogen zusammengeführt – bitte beachten, nicht alle Menschen bekommen die Ellenbogen dicht zusammen und kaum einer so, dass sie sich berühren.*

6 *Von dort geht das Seil über die eine Schulter nach vorne.*

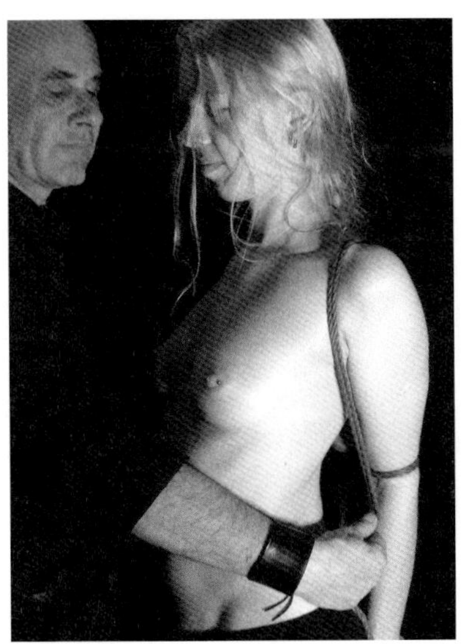

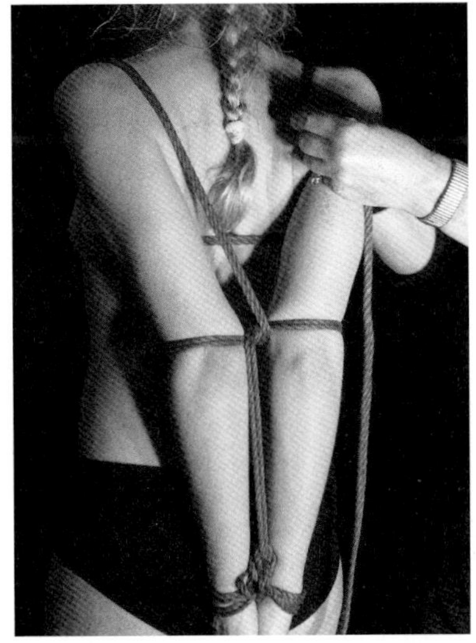

7 *Und zurück zum Rücken.*

8 *Es wird einmal unter den Armen hindurch zur anderen Seite gelegt und von dort zurück über die Schulter.*

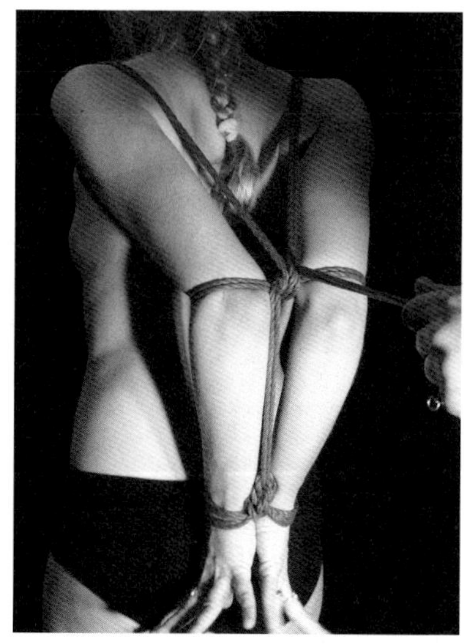

9 Dann kommt es an der Wicklung um die Ellenbogen an.
10 Jetzt wird das Seil um diese Wicklung gelegt, die damit gegen ein Verrutschen nach unten gesichert ist.

11 Jetzt geht das Seil durch die Schlaufe, die beim Knoten gebildet wurde.
12 Der Rest des Seils kann jetzt an einem Ring befestigt werden – wenn man die Arme zu sehr nach oben zieht, kann es zu einer Überdehnung der Schulter kommen, daher eher vorsichtig ziehen.

Sicherheitshinweis: Die meisten Menschen sind nicht in der Lage ihre Ellenbogen auf dem Rücken zusammen zu bringen. Daher sollte man vorsichtig testen, wie dicht sie zusammen zu führen sind.

9.4.9. Oberkörper-Fesselung (Variante)

1 *Zuerst werden die Hände auf dem Rücken mit dem ›Basisknoten‹ gefesselt.*

2 *Das Seil wird dann über die Schulter nach vorne gelegt.*

3 *Und geht von dort nach hinten unter den quer liegenden Unterarm.*
4 *Von dort geht es weiter zum nach oben verlaufenden Seil.*

5 *Unter diesem wird es hindurch gezogen.*
6 *Mit einer Umwicklung wird es dort festgelegt und geht hinüber zur anderen Schulter.*

7 Dann nach vorne und wieder zurück nach hinten.
8 Dabei wird wieder der Unterarm eingefangen.

9 Auch jetzt wird das Seil durch das nach oben verlaufende Seil hindurch gezogen und mit einer Wicklung dort festgelegt.
10 Ein weitere Wicklung umfasst jetzt beide nach oben verlaufenden Seile und fixiert sie aneinander.

11 Von dort geht das Seil über den Oberarm nach vorne um den Köper herum.
12 Dort wird es unter dem quer verlaufenden Seil hindurch gezogen.

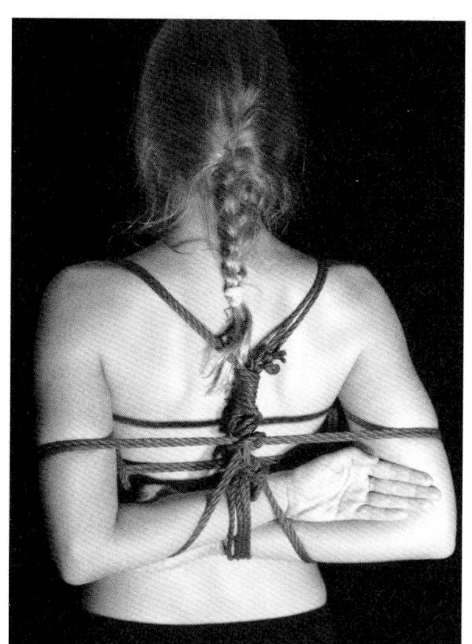

13 Das restliche Seil wird jetzt um die nach oben verlaufenden Seillagen hoch gewickelt, die Knoten zwischen den Seilen fixiert.
14 Diese einfache und schnelle Oberkörper-Bondage sieht dann von vorne so aus.

9.5. Bondages im Hängen

Grundsätzliches zu Hänge-Bondage

Suspension steht für ›Aufhängung‹, es handelt sich also um Fesselungen, die den Partner in eine hängende Position bringen: waagrecht oder senkrecht, mit dem Kopf nach oben oder nach unten, verschnürt wie ein Paket oder nur an wenigen Seilen hängend.

Die meisten Leute, die Fesselspielchen aufregend finden (nach aktuellen Umfragen bis zu 30 % der Befragten), machen nur einfache Fesselungen im Bett. Doch nicht zuletzt durch Suspension-Bilder im Internet oder auf Partys reizt es manchen, seinen Liebsten erotisch interessant unter den Dachbalken zu hängen. Und da kann es dann ganz schnell problematisch, gesundheitsgefährdend oder gar lebensgefährlich werden.

Nach vielen Jahren und der Arbeit mit mehr als hundert Bondage-Modellen ist für mich klar, dass die **Grundvoraussetzung** für Bondage und noch mehr für Hänge-Bondage ein Partner ist, der in der Lage ist, mich auf dem Laufenden zu halten und Störungen jeder Art zu artikulieren. (Natürlich sind auch positive Rückmeldungen gerne gesehen.)

Ich muss wissen, ob eine Hand taub wird, ein Arm einschläft oder es Atem- bzw. Kreislaufprobleme gibt und wann das psychische Wohlbefinden in Missempfinden umschlägt. Jemand, der vor lauter Unterwürfigkeit meint, dem Bondage-Master nicht sagen zu dürfen, dass man sich nicht mehr wohl fühlt oder irgendwas wehtut und »sich komisch anfühlt«, ist vollkommen ungeeignet für jegliche Form der Bondage und damit erst recht für Hänge-Bondage. Doch das alleine reicht nicht aus. Wie bei dem von mir benutzten Bondage-Dreibein (Tripod), das eben nur dann stabil ist, wenn es auf seinen drei Beinen steht, müssen noch zwei andere Sachen klar sein: Der Partner muss sich darauf verlassen können, dass auf eine Störungsmeldung sofort (und nicht ›gleich‹) eine Behebung dieser Störung veranlasst wird. Da aber manchmal der Aufmerksamkeitsfokus des Passiven mit anderem beschäftigt ist (der eigenen Geilheit, der Sensation zu ›fliegen‹), muss ich als Aktiver auch dann checken, ob immer noch alles in Ordnung ist, wenn keine Störungsmeldung kommt. Außerdem gibt es bestimmte Nerven, die geschädigt werden können, ohne dass sich die Schädigung durch Kribbeln ankündigt. Hierzu gehört speziell der Handheber (Radialnerv – Nervus Radialis), der bei Hänge-Fesselungen mit über den Oberarm laufenden Seilen beansprucht werden kann.

Die korrekte Funktion des Radialnervs sollte man während der Hänge-Bondage gerade mit einem neuen Bondage-Partner regelmäßig überprüfen (alle 2 bis 3 Minuten), indem man sich die Hand geben lässt und den Passiven auffordert, mit seiner Hand gegen den Druck der eigenen Hand sowohl nach außen als auch nach innen zu drücken. Ist die Hand des Passiven nicht mehr in der Lage zu drücken (sowohl aus dem Handgelenk heraus, als auch mit dem Druck der Finger), heißt es: sofortiger Abbruch der Suspension – runter auf den Boden. Bei einer längeren Schädigung des Handhebers kann es zu einer Fallhand (Siehe Kapitel 8, Seite 65) kommen.

Grundsätzlich gilt: Eine Hänge-Bondage ist im Allgemeinen etwas für eine kurze Zeit (für Ungeübte maximal zwei Minuten), natürlich gibt es eher nicht aus Japan stammende Fessel-Techniken, die auch längere Suspensions möglich machen.

Beachten sollte man: Je kleiner die Auflagefläche des Körpers in der Hänge-Bondage, desto kürzer ist die mögliche Hängezeit. Erfahrene Bondage-Modelle wissen, wo sie den Körper entspannen oder welche Muskeln sie anspannen müssen, damit die Suspension über eine längere Zeit möglich ist.

Eine Rolle kann auch die Tagesform spielen, das heißt an manchen Tagen geht etwas nicht, was vorher problemlos möglich war.

9.5.1. Hängeseil anbringen (Standard)

Vorbemerkung

Als Basis für eine Suspension, die am Oberkörper ansetzt, sollte man einen 3-Seil-Takatekote (siehe unter Basics) nehmen. Für das eigentliche Hängeseil immer ein extra (und völlig fehlerfreies) Seil nehmen (am sichersten ist Seil nach europäischer DIN-Norm).

Eine sauber gefesselte Suspension ist die Voraussetzung für ein sicheres und schnelles Herunterlassen und Entfesseln.

1 *Das schlaufenförmige Ende des doppelt gelegten Seils wird auf der einen Seite des Mittelstegs unter den horizontalen Doppellagen des Takatekote hindurch gezogen, darauf achten, dass das Seil nicht auch unter die Lagen der Sicherung kommt.*

2 *Jetzt wird es auf der anderen Seite unter die tragenden Doppellagen gezogen, die so entstanden Schlaufen sollten so weit bleiben, dass man alle vier Finger dazwischen legen kann.*

3 *Ähnlich wie beim Basisknoten wird das Seil überkreuz gelegt und unter den Seillagen hindurch gezogen.*
4 *Dann wird unter leichtem Zug ein Knoten gesetzt.*

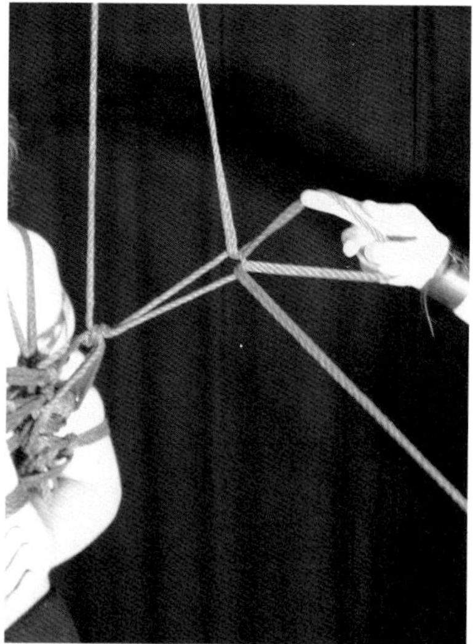

5 *Dabei sollte die überstehende Schlaufe etwa zehn Zentimeter lang sein.*
6 *Das oben durch einen Karabiner oder Ring gezogene Seil geht jetzt durch die Schlaufe.*

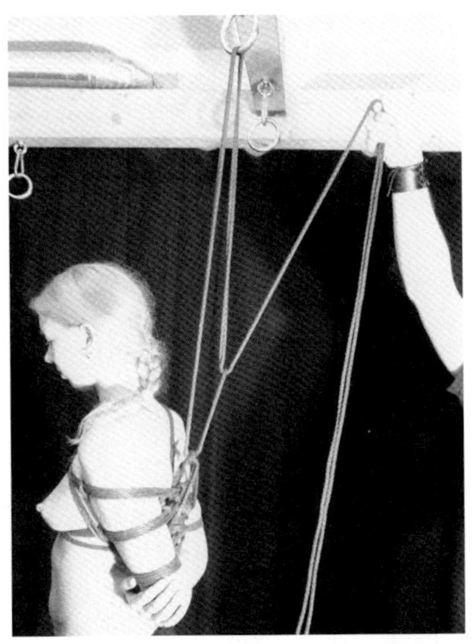

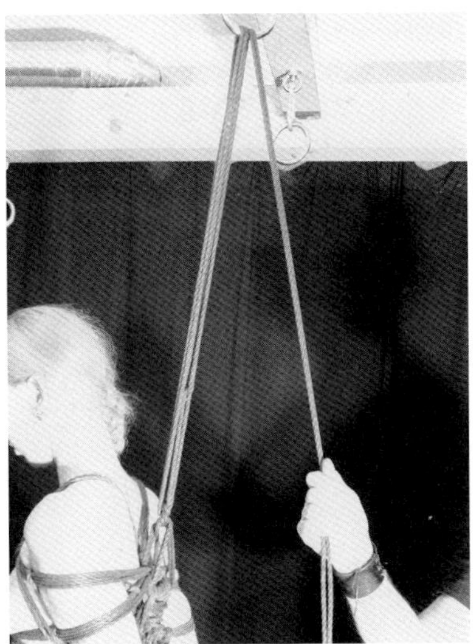

7 *Und wieder zurück zur Deckenbefestigung.*

8 *Dadurch ist eine Art Seilzug entstanden, der aber durch die Reibung des Seils aneinander nur schwer zu nutzen ist, doch hier ist der Punkt an dem die Seillagen so straff gezogen werden, wie die gewünschte Höhe es erfordert. (Wenn dabei der Takatekote zu sehr nach oben gezogen wird, liegt im Stehen zu viel Druck auf den unteren Lagen, was das Ganze sehr ungemütlich macht.)*

9 *Jetzt geht das Seil erneut durch die Schlaufen des Hängeseils, dort wo es um die Doppellagen des Takatekote gelegt ist.*

10 *Hier das Ganze im Detail.*

11 Von dort geht das Seil noch einmal zur Deckenbefestigung.
12 Das gesamte Bündel der hoch und runter laufenden Seile wird mit einem halben Schlag aneinander gedrückt.

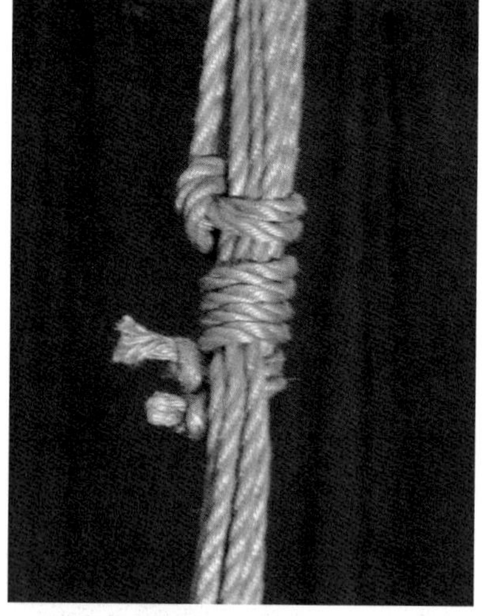

13 Je nach Länge des Seils kann man noch einen weiteren halben Schlag darunter setzen, der Seilrest wird dann unter Zug um alle Seillagen gewickelt und die Knotenenden werden zur Sicherung zwischen das Bündel geschoben.
14 Hier die Wicklung nochmal im Detail.

9.5.2. Hängeseil anbringen (Variante von Matthias Motl)

Vorbemerkung

Da bei der Standard-Variante des Hängeseils die größte Schwachstelle die aus einem einzeln laufenden Seil bestehende Schlaufe ist, durch die das von oben kommende Seil hindurchgezogen wird, hat es immer wieder Überlegungen gegeben eine sicherere Alternative zu etablieren.

Diese stelle ich hiermit vor. Dennoch sei hier erwähnt, dass die Standard-Methode korrekt angewandt durch das aneinander binden der rauf und runter laufenden Seillagen die Schlinge entlastet, denn die Reibung des Bündels untereinander entschärft den Druck auf die Schlinge.

1 *Die ersten Schritte sind wie bei der Standard-Variante (siehe dort Bild 1 bis 4) – aber hier kann die Schlaufe (Nr. 1) kleiner ausfallen.*

2 *Das Seil wird jetzt ein Stück durch die Schlaufe gezogen, wo es eine weitere Schlaufe (Nr. 2) bildet.*

3 *Das freie Ende wird zu einer weiteren Schlaufe (Nr. 3) über zwei Finger genommen und einmal um 360 Grad gedreht.*

4 *Diese Schlaufe wird über Schlaufe Nr. 2 gelegt und festgezogen.*

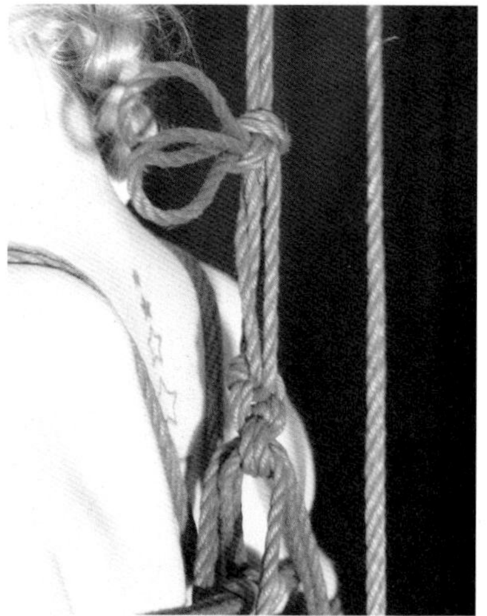

5 *Damit ist Schlaufe Nr. 1 entlastet und das gesamte Gewicht während der Suspension immer auf einem Doppelseil.*

6 *Die kleine Schleife steht jetzt seitlich ab, sollte aber nicht für die weitere Befestigung genutzt werden – jetzt geht es so weiter, wie bei der Standardbefestigung.*

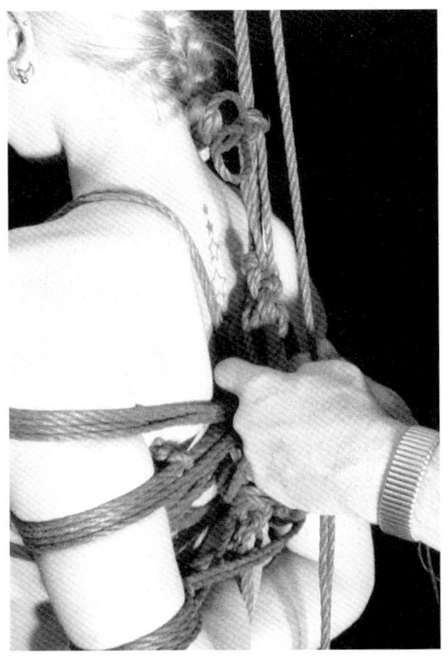

7 Das Seil geht hoch zur Deckenbefestigung und wieder zurück.
8 Dann wird es durch die um den Takatekote gelegten Windungen gezogen.

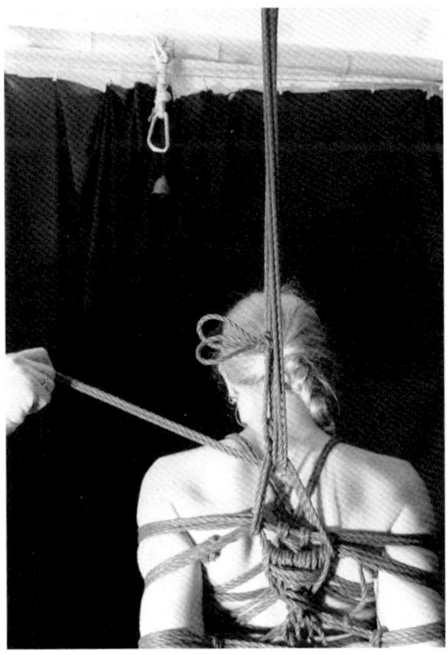

9 Es geht erneut zur Deckenbefestigung.
10 Bis auch hier der Flaschenzug fertig ist.

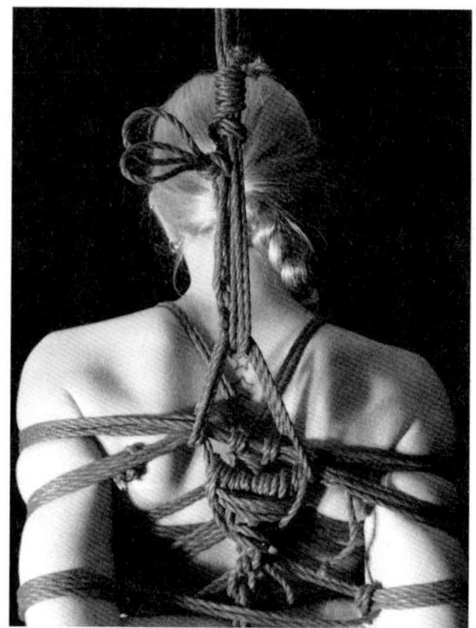

11 *Hier die Seillagen mit Schleife im Detail.*
12 *Jetzt wird das Seil mit halbem Schlag und Wicklungen festgelegt.*

9.5.3 Suspension mit dem Bauch nach unten

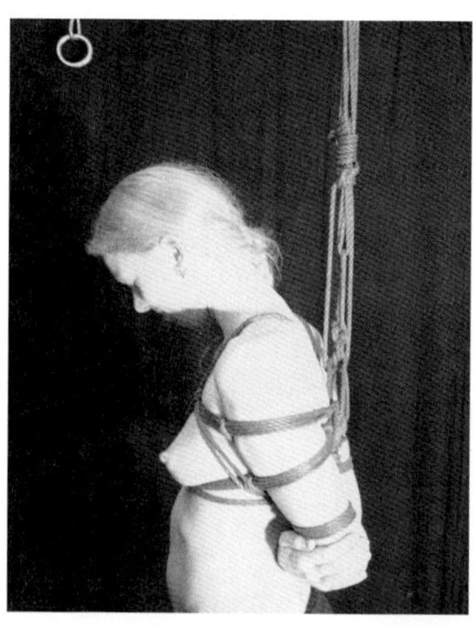

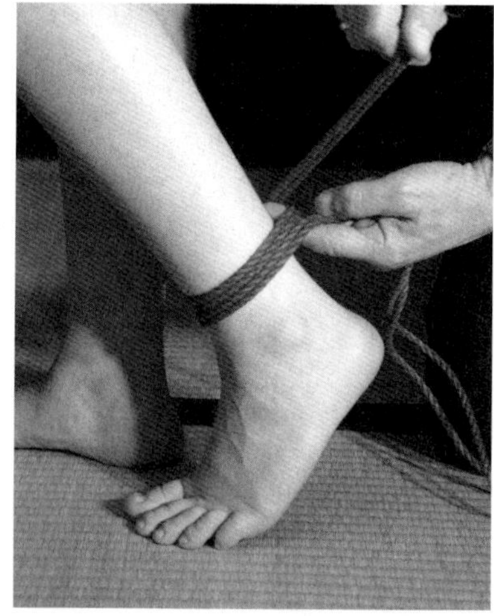

1 *Diese Standard-Suspension beginnt mit einem Takatekote (siehe Seite 90), an dem hinten in der Mitte das Hängeseil befestigt ist (siehe Seite 209).*
2 *Um den Fußknöchel des ersten Beins wird ein ›Basisknoten‹ gelegt.*

3 *Diese sollte so viel Luft haben, dass sich die Seillagen um den Knöchel bewegen können, aber nicht so locker, dass der Fuß heraus rutschen kann.*

4 *Besonders sinnvoll, wenn man die verschiedenen Seile säuberlich getrennt am Hängepunkt haben will, ist das Benutzen von Karabinern. Durch diesen kann man das Seil um den Knöchel nach oben führen.*

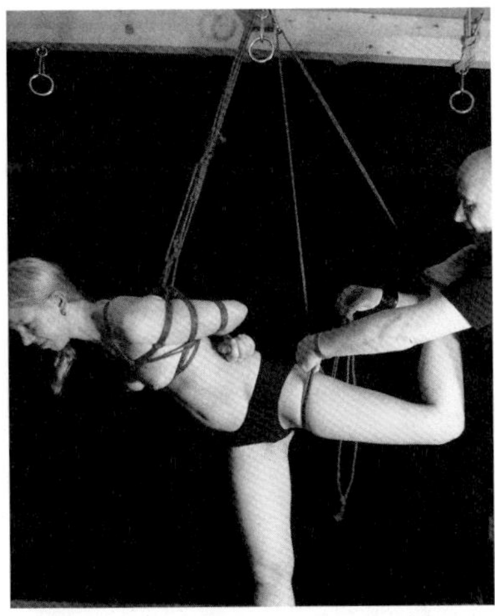

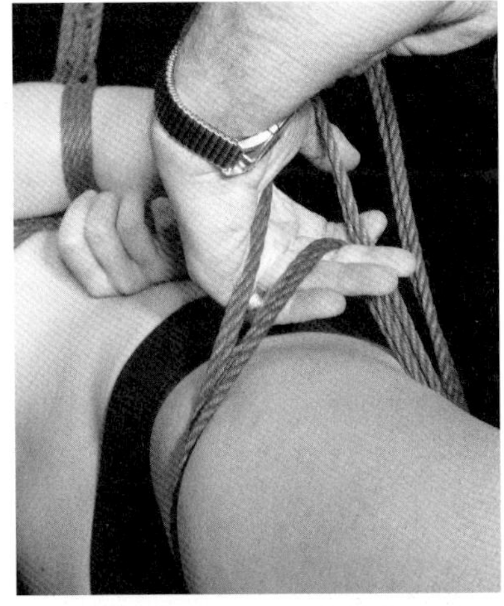

5 *Das Bein kann man sowohl mit dem Zug des Seils, als auch mit Unterstützung der freien Hand nach oben ziehen, bis der Knöchel mindestens auf Beckenhöhe ist. Dabei ist es sinnvoll, dass der Passive den Oberkörper leicht nach vorne in die Seile legt. Das Seil wird um den Oberschenkel gelegt, nicht gezogen.*

6 *Eine zweite Wicklung um den Oberschenkel.*

7 *Dann wird das Seil unter den Wicklungen hindurch gezogen und oberhalb einmal um das von oben kommende Seilstück gelegt.*

8 *Je nach Seilrest kann man das Seil nach oben mit einer weiteren Wicklung (halber Schlag) und dann einer dekorativen Wicklung festlegen und verarbeiten.*

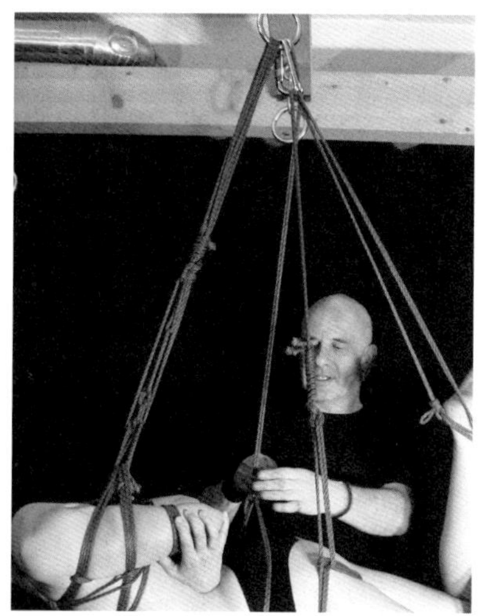

9 *Nach dem Einhängen eines weiteren Karabiners in die Deckenbefestigung verfährt man mit dem zweiten Bein genauso.*

10 *Ab dem Augenblick, in dem der Passive hängt, läuft die Uhr (das heißt die Hände müssen regelmäßig überprüft werden – siehe Seite 65).*

11 *Beim zweiten Bein kann man eine Alternativmöglichkeit wählen indem man hier das Seil nicht am Oberschenkel, sondern an der Taille festlegt. Ob man beide Seile an den Oberschenkeln oder auch an der Taille fixiert, ist Geschmacksache.*

12 *Auch das um die Taille gelegte Seil wird unter der diesmal nur einfachen Seillage hindurch gezogen und dann mit einer Wicklung nach oben festgelegt.*

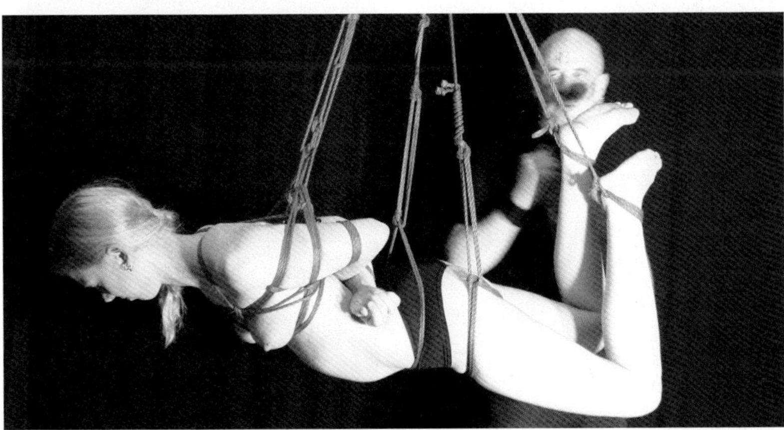

13 *Der Passive hängt jetzt mehr oder weniger bequem. Um ihn wieder herunter zu holen, geht man in der umgekehrten Reihenfolge vor, also erst Bein 2, dann Bein 1 (darauf achten, dass das Seil dabei nicht über die Haut des Passiven gerissen wird) und zum Schluss das Hängeseil lösen.*

9.5.4. Sicheres Herunterlassen

1 *Sobald die einzelnen Beine wieder den Boden berühren, kann das Haupthängeseil problemlos auch mit einem müden oder gar ohnmächtigen Passiven gelöst werden.*

2 *Voraussetzung dafür ist, dass es vorher ordentlich angebracht wurde.*

3 *Zuerst die Wicklungen lösen.*

4 *Dabei sollte das Seilende fest und unter Zug in einer Hand gehalten werden.*

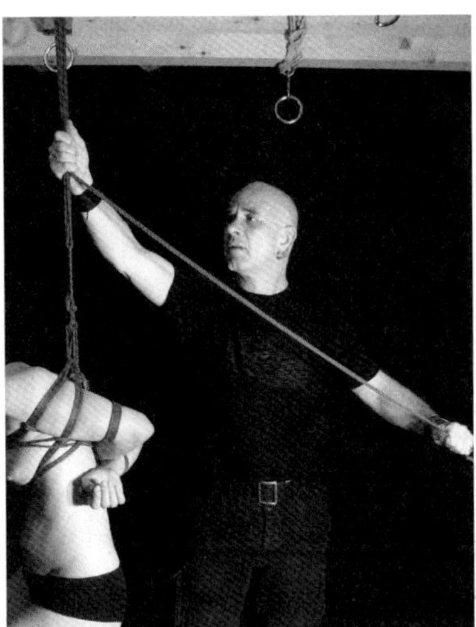

5 *Jetzt umgreifen die Finger die Lagen des Seilzugs und drücken sie zusammen, damit kann das Seil, das mit der anderen Hand weiter gelöst wird, nicht durchrutschen.*

6 *Sobald das Seil nur noch einmal nach oben und zurück zur Befestigung am Takatekote läuft, sollte sich der Griff in die Seillagen verstärken.*

7 *Auch das letzte Stück sollte gut festgehalten werden.*

8 *Durch den Druck der Hand auf die Seillagen ist es auch für eher schwächere Aktive problemlos möglich, den Passiven sicher herunter zu lassen. Es bleibt sogar eine Hand frei, um den Passiven zu stützen.*

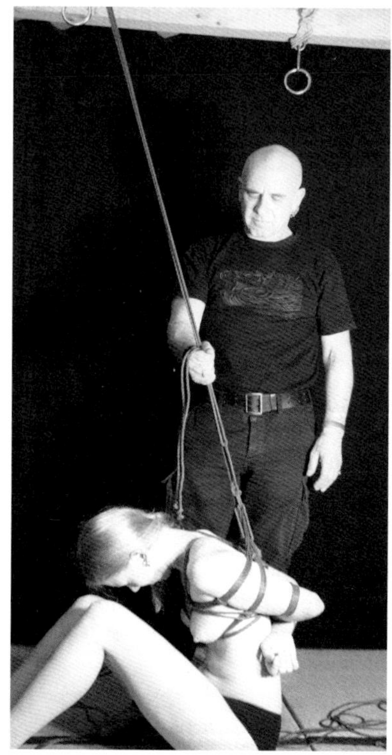

9 Sobald der Passive sicher sitzt, sollte erstmal der Basisknoten um die Handgelenke geöffnet werden.

10 Auch einen ohnmächtigen Partner kann man so sicher bis in eine liegende Position bringen.

9.5.5. Suspension mit Bauch nach oben

Vorbemerkung

Es gibt eine ganze Menge Leute, die wegen zu kurzer Arme oder wegen Problemen in den Schultern die Arme hinten nicht bequem Handgelenk über Handgelenk legen können. Manche Leute haben auch ein Problem, wenn der Kopf nach unten hängt. Der umgekehrte Takatekote bietet eine gute Alternative, um diese Probleme zu vermeiden.

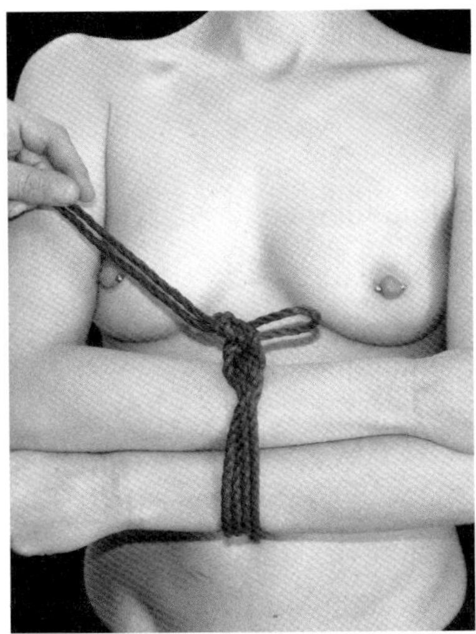

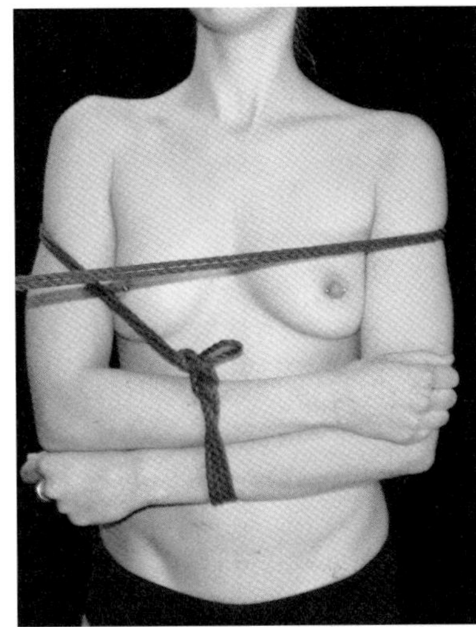

1 *Die Arme werden vor dem Oberkörper zusammen genommen und die Handgelenke mit dem Basisknoten fixiert.*

2 *Von den Handgelenken geht das Seil einmal über den Rücken zurück nach vorne. Dabei sollte es in der Kerbe zwischen Schulter- und Armmuskel liegen.*

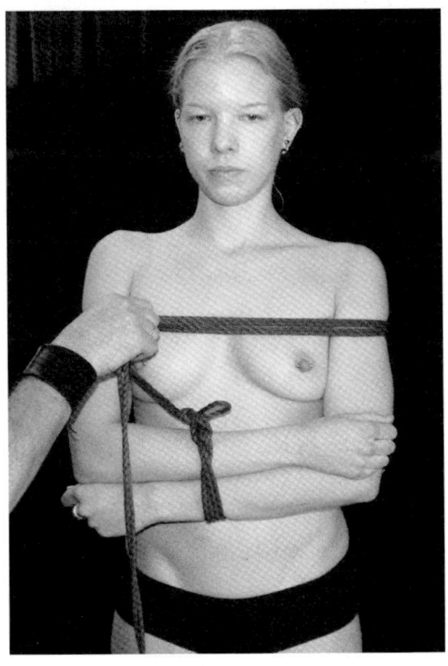

3 *Parallel dazu erfolgt eine zweite Wicklung.*

4 *Jetzt wird das Seil unter der ersten Lage hindurch gezogen.*

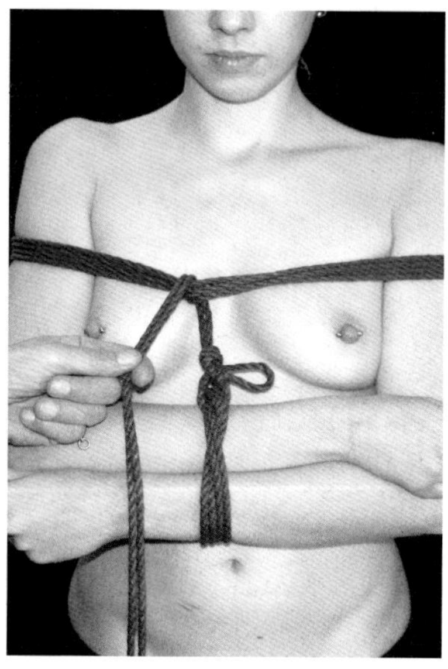
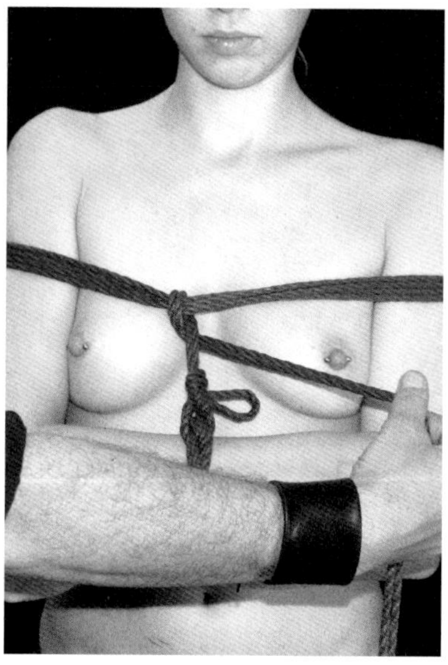

5 Das Seil wird jetzt so gezogen, dass die beiden Seillagen nebeneinander liegen.
6 Mit einer Wicklung wird das Seil erst auf der einen Seite -

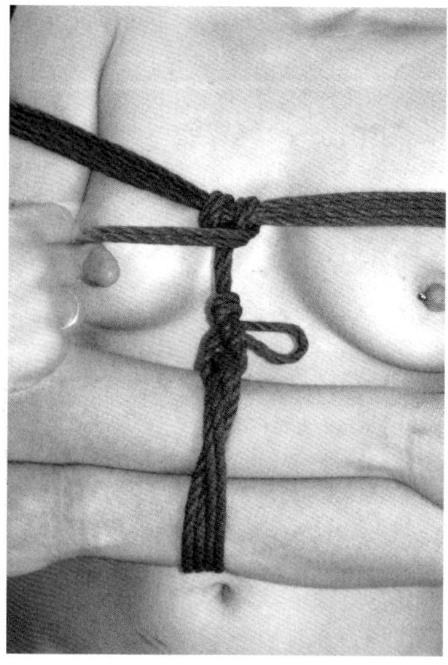

7 Dann auf der anderen Seite am so entstandenen Mittelsteg festgelegt.
8 Nachdem es einmal um den Mittelsteg zurück an den Körper geführt wurde.

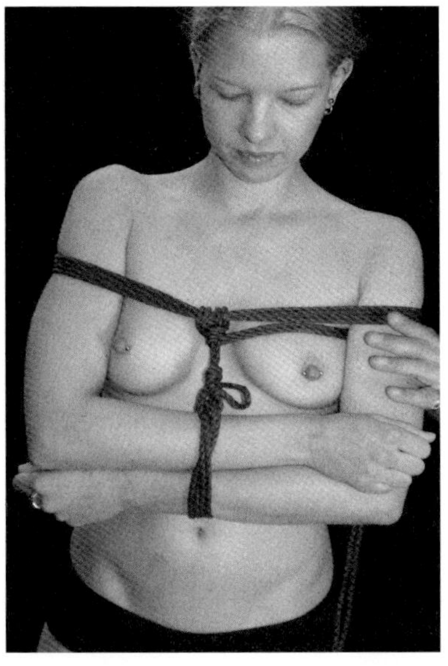

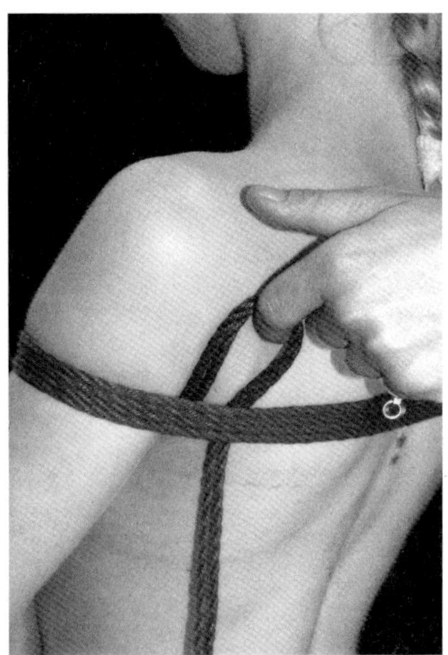

9 Geht es jetzt zwischen Arm und Körper nach hinten.
10 Dort wird es oberhalb der Seillagen herausgezogen.

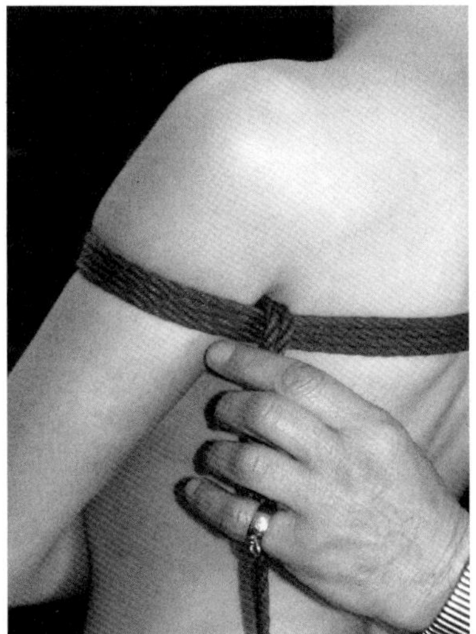

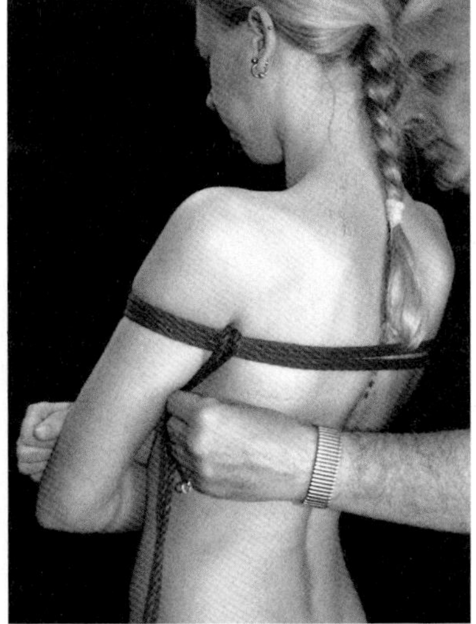

11 Über die Seillagen gelegt.
12 Und nach vorne zwischen Arm und Körper zurückgeführt, dabei sollten die Seillagen nur straff gehalten werden, aber sich dabei nicht verdrehen.

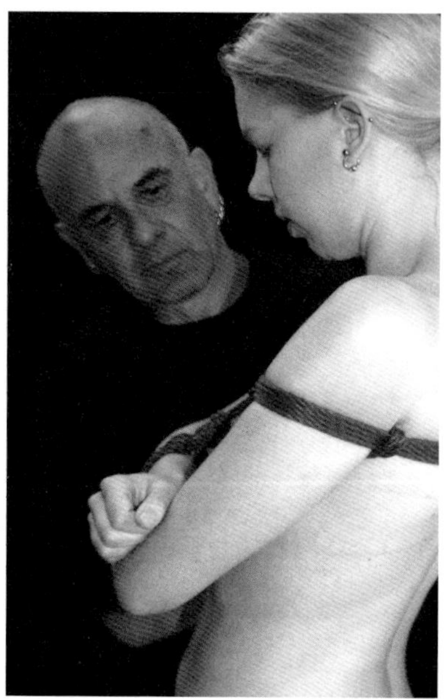

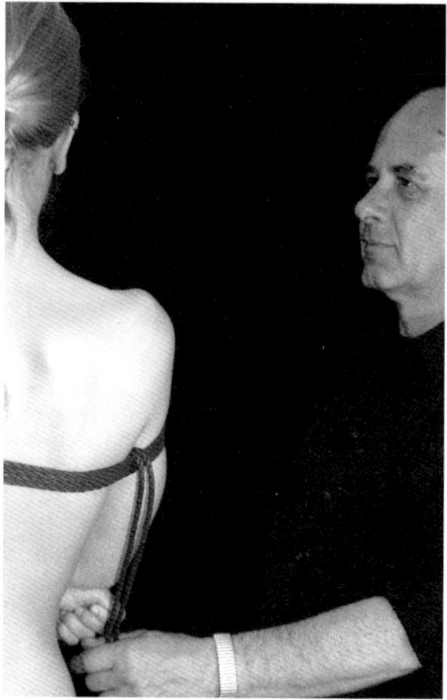

13 *Damit sind die Seillagen auf dieser Seite gegen ein Hochrutschen gesichert. Das Seil geht jetzt unter dem Mittelsteg auf die andere Körperseite.*

14 *Auch dort wird analog die Sicherung gemacht.*

15 *Das Seil wird nach dem Zurückkommen einmal um den Mittelsteg festgelegt. Da es hier zu Ende ist, wird neues Seil angesetzt.*

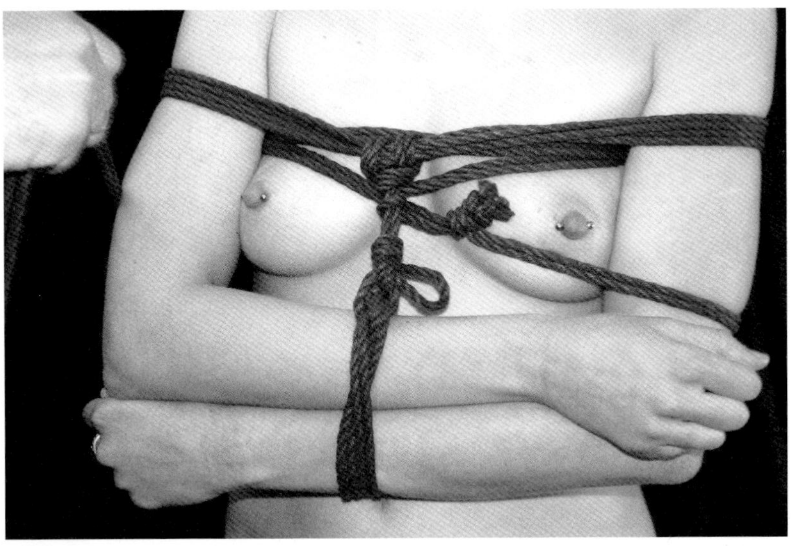

16 Das Seil geht jetzt auf Höhe des unteren Drittels des Oberarms über den Arm und über den Rücken auf die andere Seite.

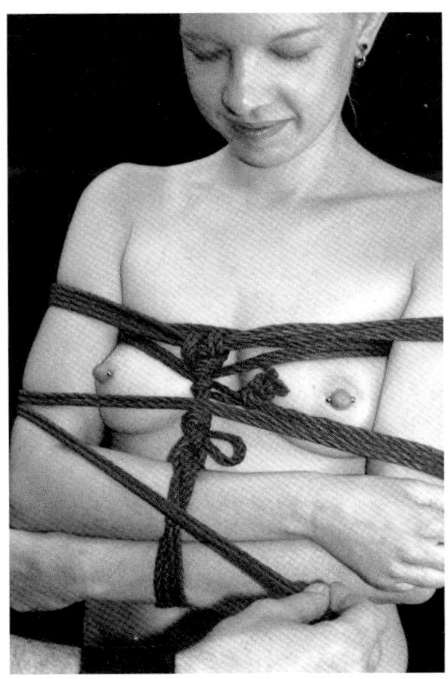

17 Parallel zur ersten Lage wird eine zweite Lage um den Körper gelegt.
18 Mit einer Wicklung rechts -

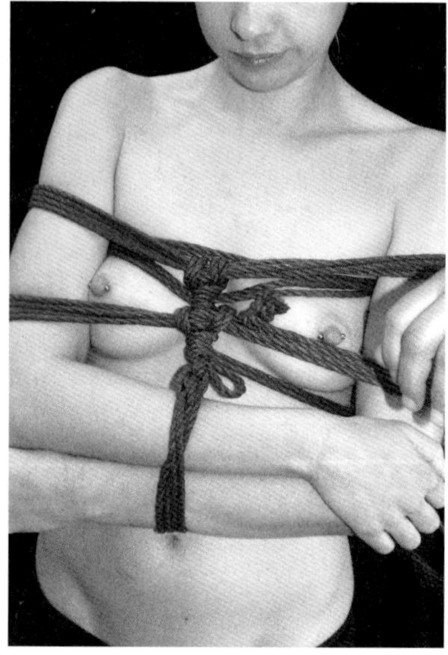

19 Und links vom Steg werden diese Seillagen am Steg festgelegt.
20 Dann wird das Seil unter dem Steg zurück an den Körper geführt.

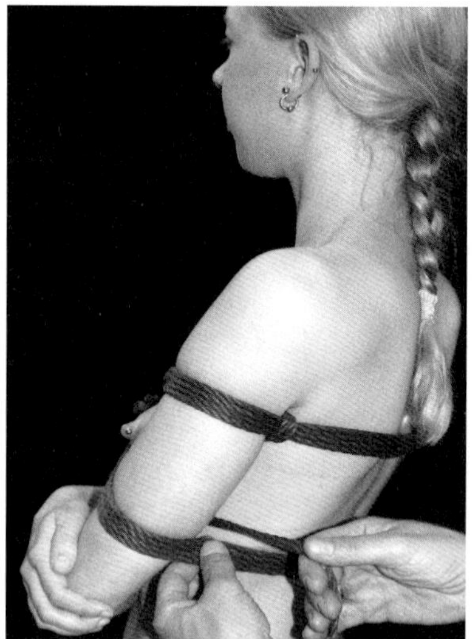

21 Es geht zwischen Arm und Körper zurück um auch diese Seillagen gegen ein Verrutschen zu sichern.
22 Dabei sollte wieder darauf geachtet werden, dass sich die Seillagen nicht verdrehen.

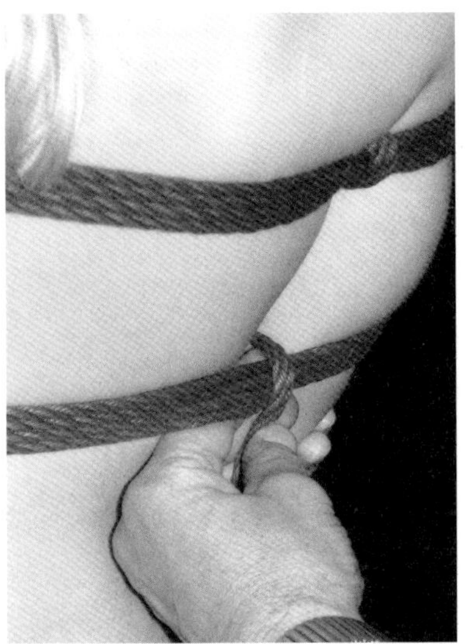

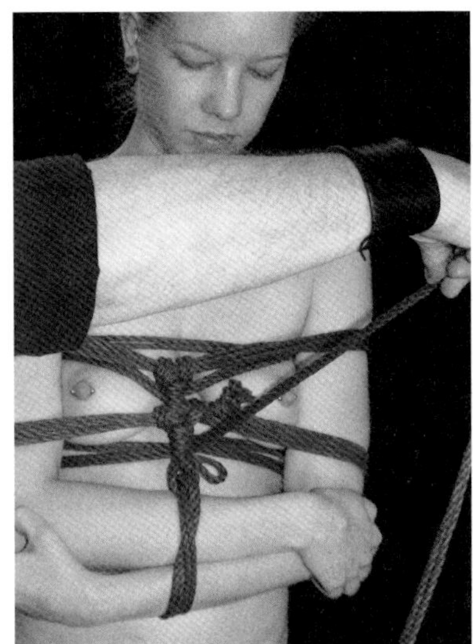

23 Auch auf der anderen Seite wird die Sicherung analog gemacht.
24 Beim zurückführen zum Steg kommt es unter dem Steg an und wird dort mit einer Wicklung festgelegt.

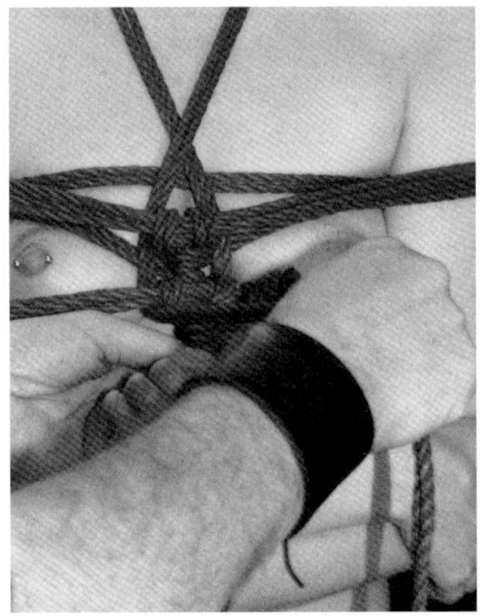

25 Da noch einiges an Seil übrig ist, kann man gerade noch ein V fesseln. Dabei geht das Seil über die Sicherungen aber unter den Doppellagen hindurch zur Schulter.
26 Einmal hinten um den Hals und zurück über die andere Schulter. Auch hier wieder unter den Doppellagen und über den Sicherungslagen.

27 *Der Rest des Seils wird am Mittelsteg so festgelegt, dass man noch an den Basisknoten heran kann.*

28 *So sollte die Fesselung von hinten aussehen.*

29 *Das Hängeseil (Siehe Seite 209) wird um die Doppellagen befestigt (aber ohne die Sicherungsseile mit einzubeziehen, damit kein Zug auf die Sicherungsseile gehen kann).*

30 *Das Hängeseil wird wie angegeben ordentlich verarbeitet.*

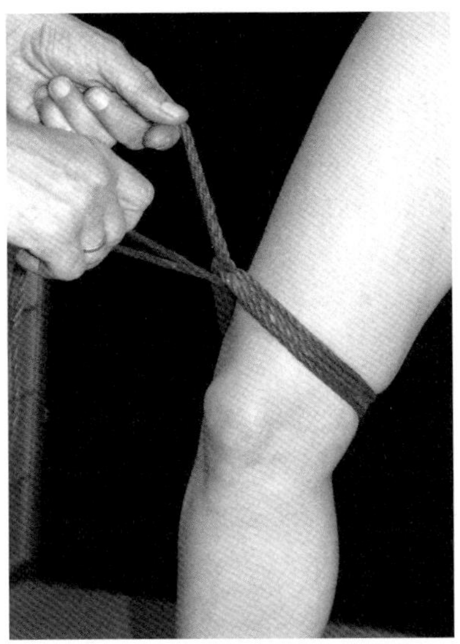

31 *Ob man nun jetzt das erste Bein mit einem Basisknoten oberhalb des Knies oder am Fußgelenk fesselt, ist Geschmacksache der Beteiligten, wichtig ist, dass die Wicklung genügend Spiel hat, dass sie sich bewegen kann.*

32 *Dann geht das Seil nach oben zur Befestigung und wird festgelegt.*

33 *Wenn man jetzt noch das zweite Bein fesselt und nach oben zieht ist die Hänge-Bondage komplett.*

9.5.6. Seitwärts hängen (Yokozuri)

Vorbemerkung

Manch einer, dem beim Hängen im normalen Takatekote schnell die Arme oder die Hände einschlafen oder dem der Zug nach hinten durch das Seil zu sehr auf die Schultern geht oder dem der ungewohnte Druck seines Körpergewichtes auf den Brustkorb zu anstrengend ist, kommt deutlich besser mit der Variante zurecht, seitwärts zu hängen. Zwar liegt dann das meiste Gewicht auf dem unten befindlichen Arm, aber nach meiner Erfahrung ist das weniger anstrengend, als wenn der Druck gleichmäßig auf beide Arme geht. Am besten man probiert zusammen herum, bis man die beste Möglichkeit für sich entdeckt hat.

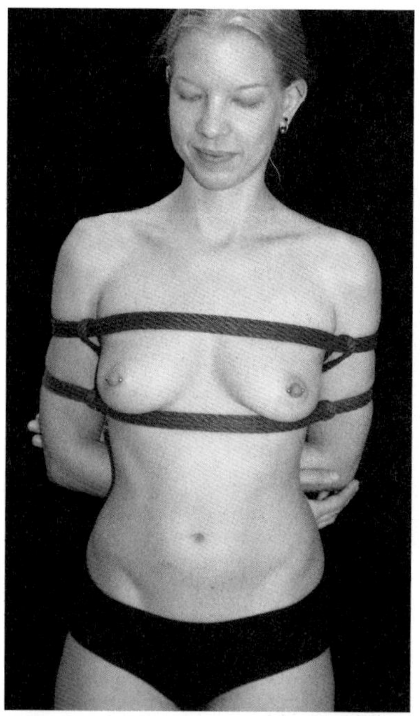

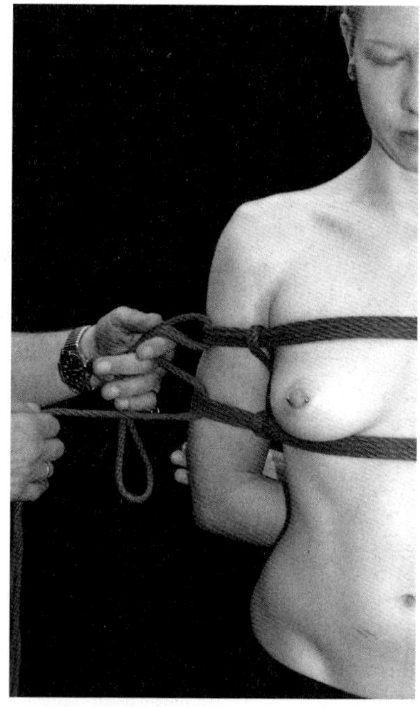

1 *Als Basis für einen Yokozuri bietet sich ein 2-Seil oder 3-Seil Takatekote an.*

2 *Das Hängeseil wird unter den Seillagen hindurch gezogen, dabei sollten die Finger das Seil soweit rausziehen, dass man quasi zwei Schlaufen hat.*

3 *Mit dem Zeigefinger werden diese Schlaufen so gefasst, dass sie ähnlich wie beim Basisknoten eine Doppelwicklung bilden.*

4 *Mit dem Zeigefinger greift man jetzt das Ende des Seil und zieht es unter den Schlaufen hindurch.*

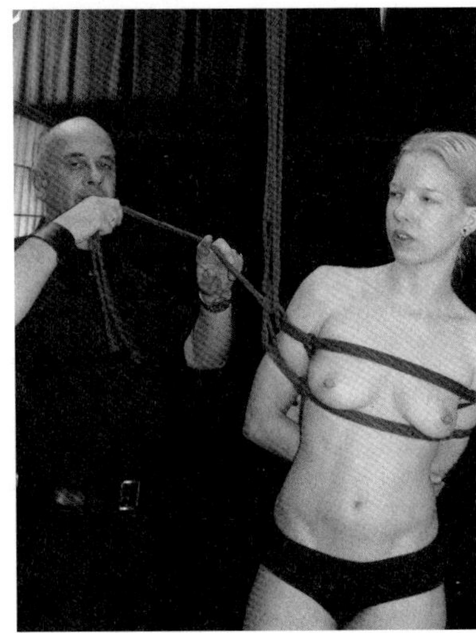

5 *Jetzt wird ein Knoten gemacht und fertig ist die Variante des Basisknotens.*

6 *Das Seil wird nach oben zu Befestigung geführt und bildet das übliche. Haupthängeseil (siehe Seite 209).*

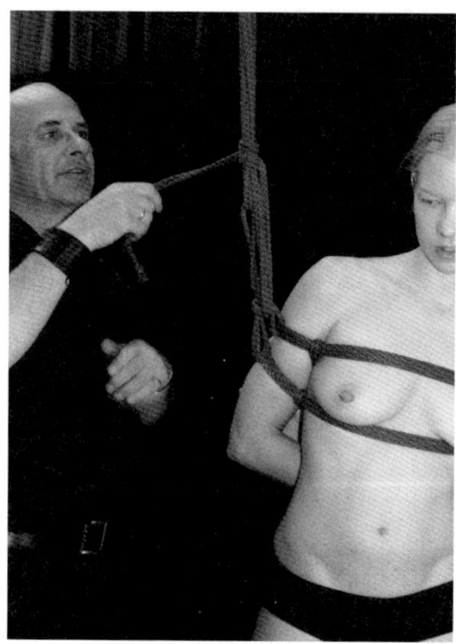

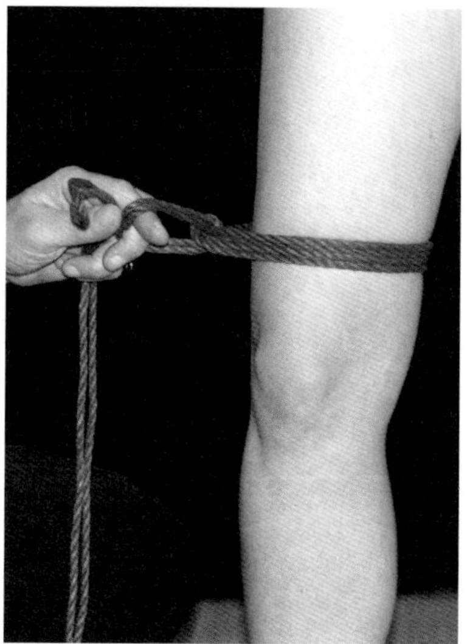

7 *Der Rest des Seils wird sauber verarbeitet.*

8 *Mit einem Basisknoten oberhalb des Knies wird jetzt das Bein gefesselt, welches auf der gleichen Körperseite wie die Hängeseilbefestigung ist.*

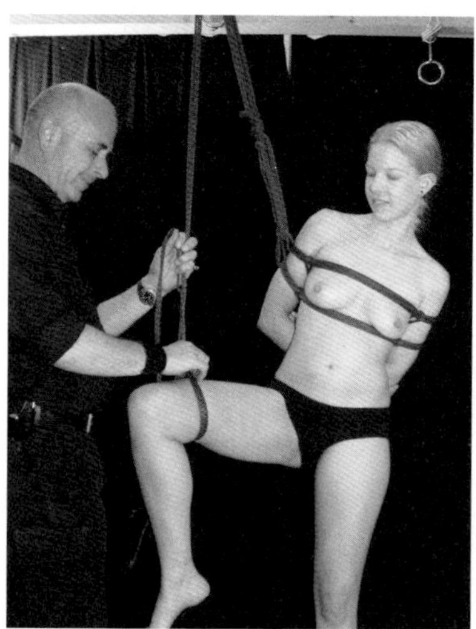

9 *Das Seil wird zur Befestigung nach oben geführt und von dort zurück durch die Schlaufe, die der Basisknoten gebildet hat.*

10 *Auch dieses Seil sollte sauber verarbeitet werden. Meist muss man die Stelle, an der das Seil unter dem angewinkelten Bein liegt vorsichtig nachjustieren.*

11 *Das zweite Bein wird mit dem Basisknoten am Fußgelenk gefesselt.*

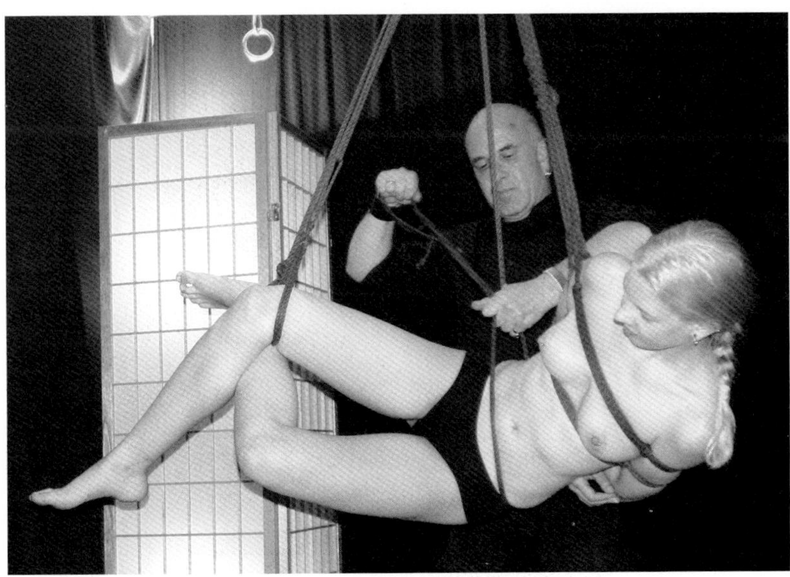

12 *Sobald man dieses Seil durch die Befestigung nach oben gezogen hat, kann man die Suspension vervollständigen.*

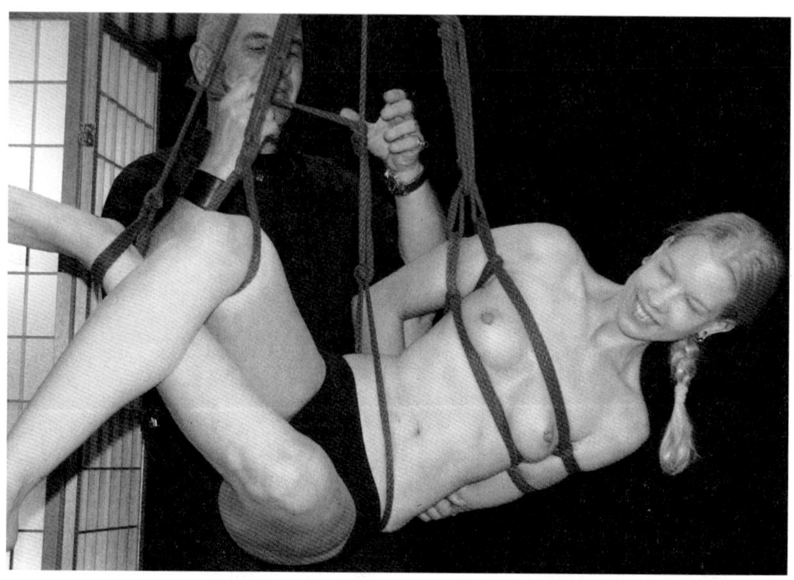

13 *Eine Möglichkeit ist es dieses Seil um die Taille festzulegen, das gibt einen zusätzlichen Punkt auf den sich das Körpergewicht verteilen kann.*

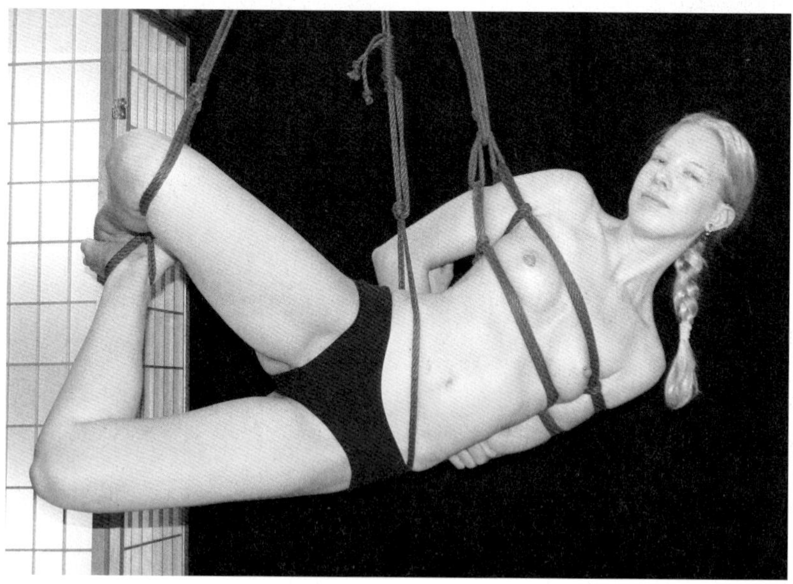

14 *Und so sieht diese Fesselung fertig aus.*

Nachsatz: Statt einer einfachen Wicklung um die Taille kann man zur Entlastung vorher ein kleines Seilkorsett (siehe Seite 189) machen und das zweite Fußseil wenn es von oben kommt dort befestigen.

9.5.7. Taillen-Suspension

Vorbemerkung

Für die einen ist es ein »Das geht gar nicht«, für die anderen ist es eher einfach. Natürlich kann man zur Abpolsterung der Taille ein Korsett anziehen, aber das Seil schneidet auch hier ziemlich in die Taille. Wer das nur unangenehm findet, sollte sich nicht dazu überreden lassen.

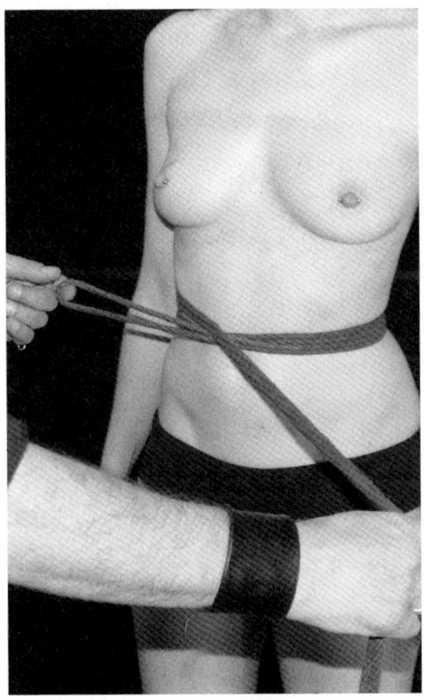

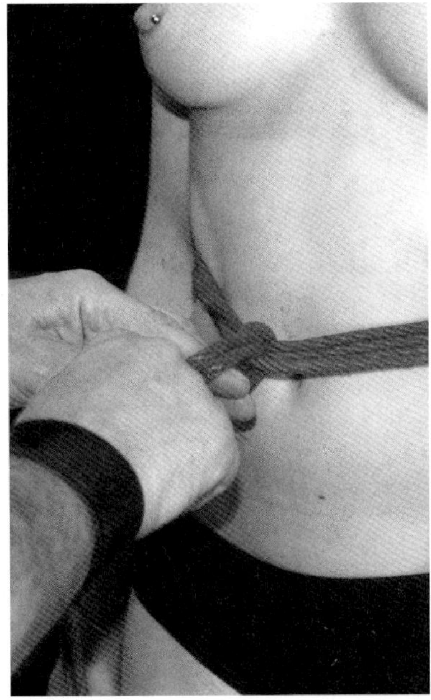

1 *Das Seil wird mindestens 2 mal um die Taille gewickelt, manche finden auch ein Seilkorsett hilfreich (siehe Seite 189 – das Hängeseil wird dann extra angesetzt, wie ein übliches Hängeseil).*

2 *Das Seil wird unter der Doppelwicklung hindurch gezogen.*

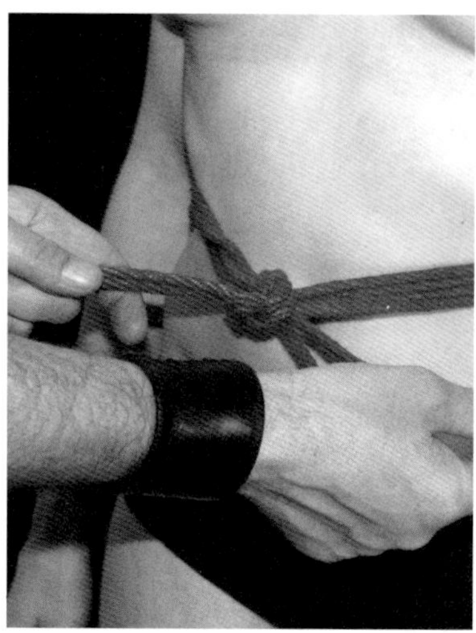

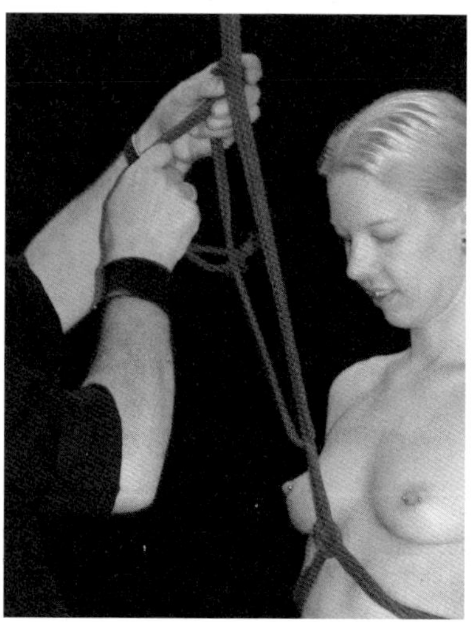

3 *Die Doppelwicklung wird dann zum Basisknoten vervollständigt.*

4 *Dann geht das Seil nach oben zur Befestigung, dabei sollte schon ein deutlicher Zug nach oben auf das Taillenseil sein.*

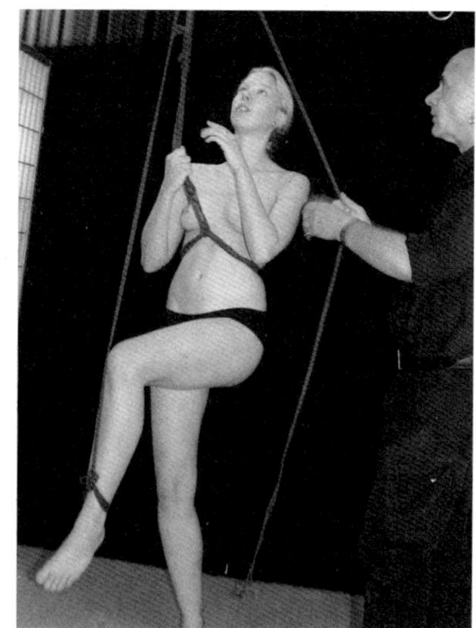

5 *Dann wird das Seil zurück zur Schlaufe und wieder nach oben geführt und sauber verarbeitet.*

6 *Nachdem ein Basisknoten um den einen Fußknöchel gefesselt wurde, geht auch dieses Seil zur Befestigung nach oben.*

7 *Wenn man an diesem Seil zieht, geht das Bein nach oben, der Oberkörper bewegt sich nach hinten. Man kann sich, wenn die Arme frei sind, mit den Händen am Haupthängeseil festhalten.*
8 *Wenn das Bein ganz oben ist, kann man das Seil festlegen.*

9 *Dafür bietet sich das angewinkelte freie Bein an.*
10 *Nachdem das Seil ›eingefangen‹ ist, sollte man es am gefesselten Seil festlegen.*

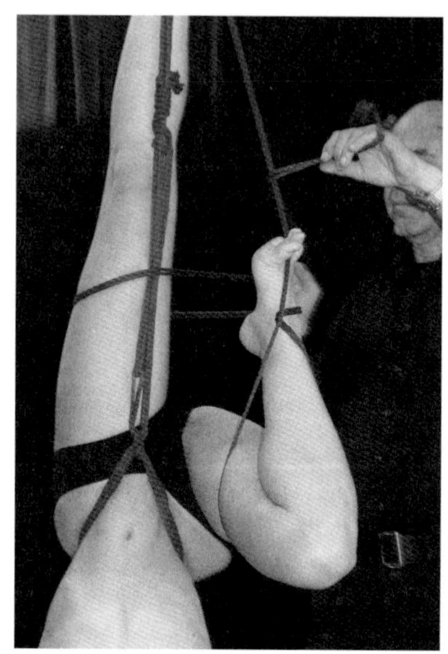

11 Den Rest des Seils kann man am Fußhängeseil hoch wickeln
12 Oder den freien Fuß mit einbinden

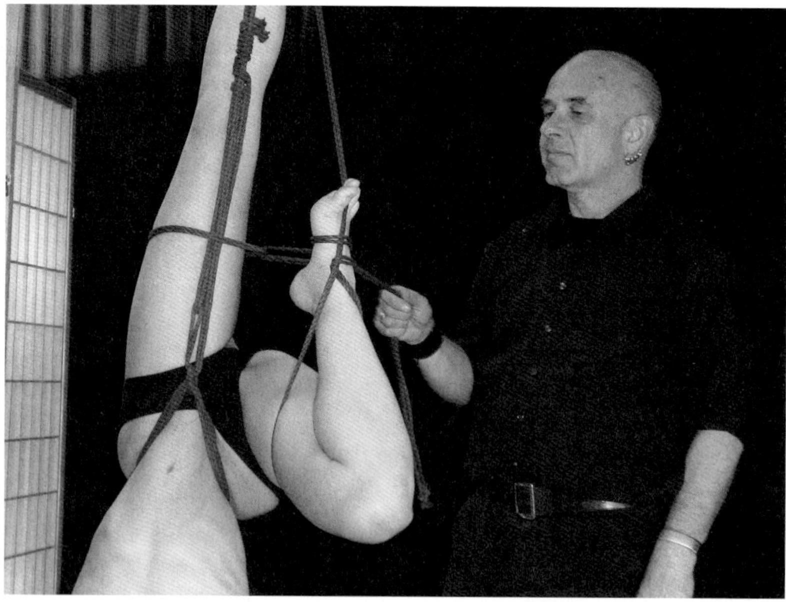

13 Oder das Seilende für schnelles Lösen in der Hand behalten

9.6. Anhang: Karada aus dem Bondage-Handbuch

Fotos: Chris Lambertsen

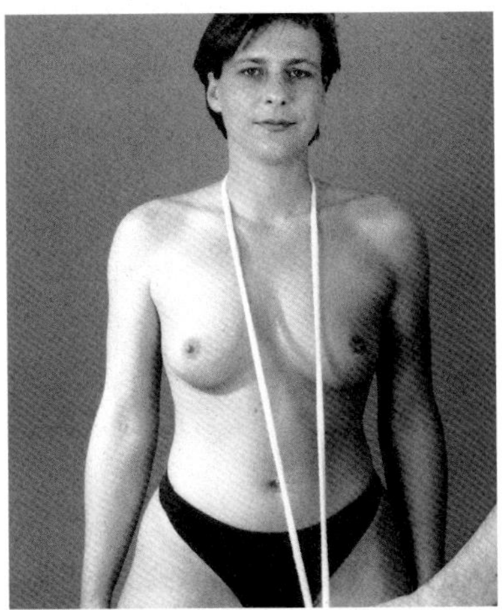

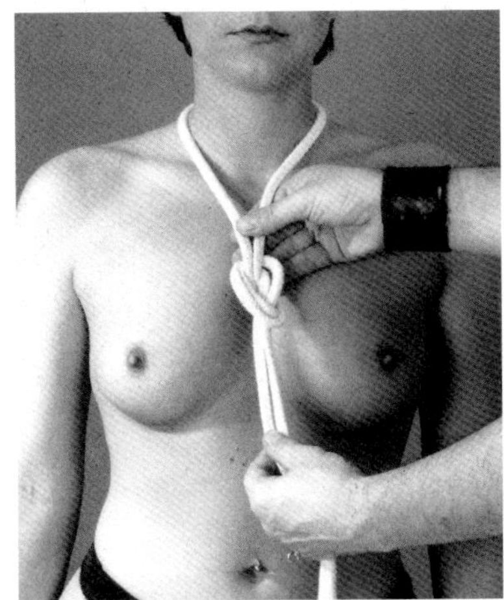

Man faltet ein ca. 15 m langes Seil auf zwei Hälften zusammen. Die so entstandene Schlinge wird jetzt so um den Hals gelegt, dass vorne zwei gleichlange Enden herabhängen. Jetzt wird in das Seil auf Höhe des oberen Brustansatzes (1 Handbreit über den Brustwarzen) ein Knoten geschlagen.

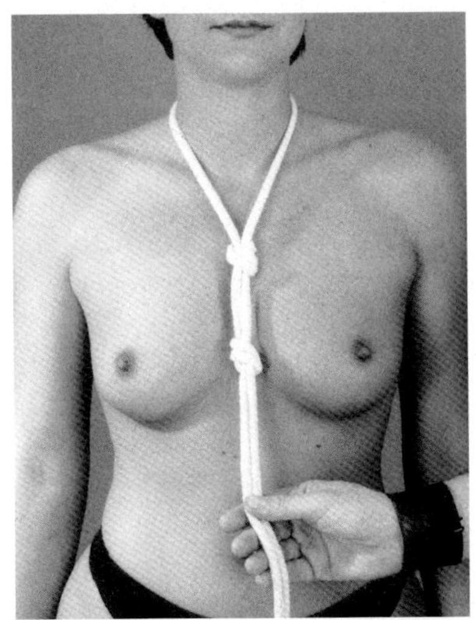

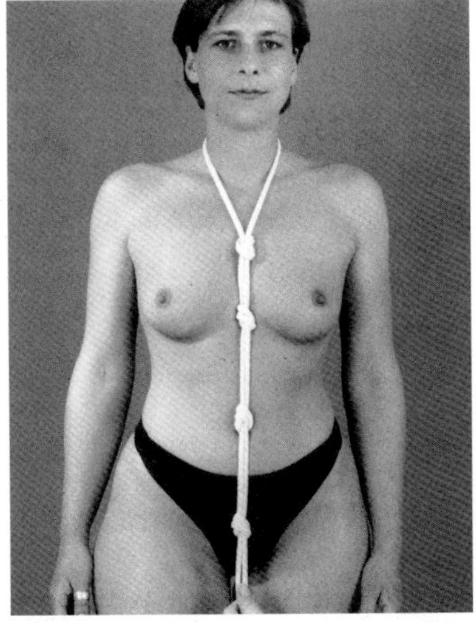

Der zweite Knoten wird etwa auf Höhe der Brustwarzen (über dem Brustbein) gemacht, der dritte vordere Knoten über der Taille (Bauchnabel – Achtung bei Nabelpiercings!), der vierte auf Höhe des Schambeins (ja, da wo das Speckpölsterchen sitzt).

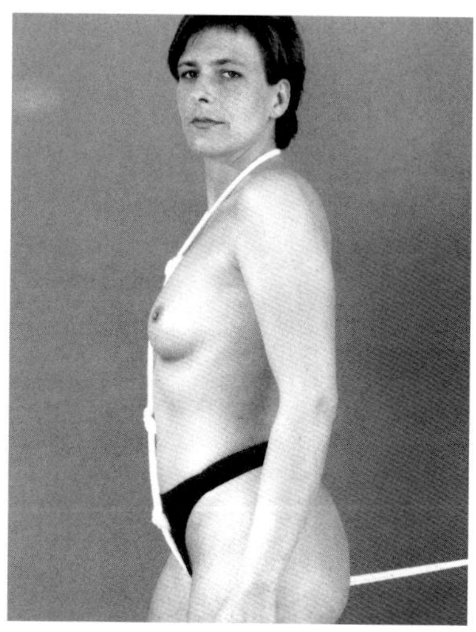

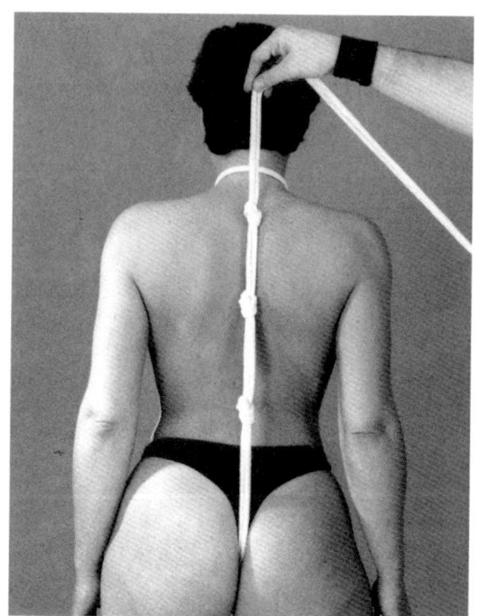

Jetzt wird das Seil nach hinten durchgezogen. Dabei ist darauf zu achten, dass es sich nicht verdreht. Außerdem sollten Schamlippen, Hoden und Penis so ›sortiert‹ werden, dass es sich für das ›Opfer‹ angenehm aufregend anfühlt.
Jetzt wird das Seil den Rücken hinauf geführt. Diesmal gibt es nur drei Knoten, das Gegenstück zu dem Knoten über dem Schambein fällt aus.

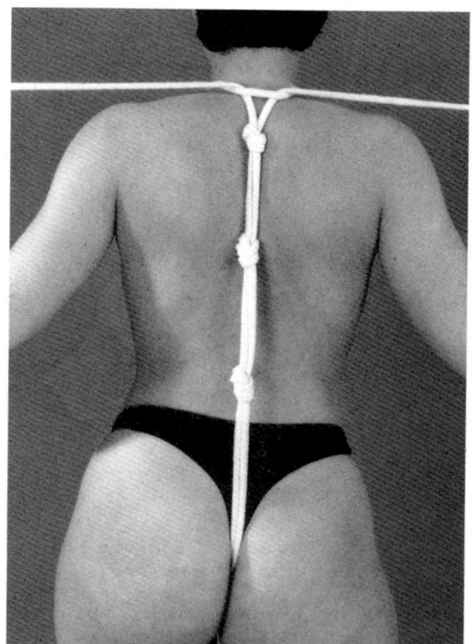

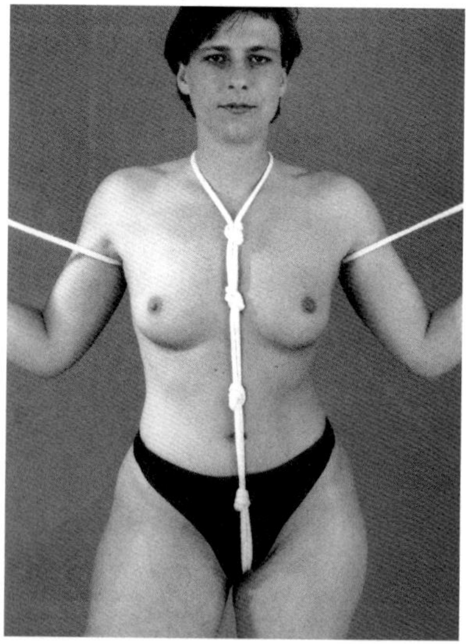

Das Doppelseil wird jetzt durch die Schlinge geführt, die von hinten um den Hals liegt. Jetzt wird jeweils ein Seil des laufendes Endes unter den Achseln nach vorne gezogen...

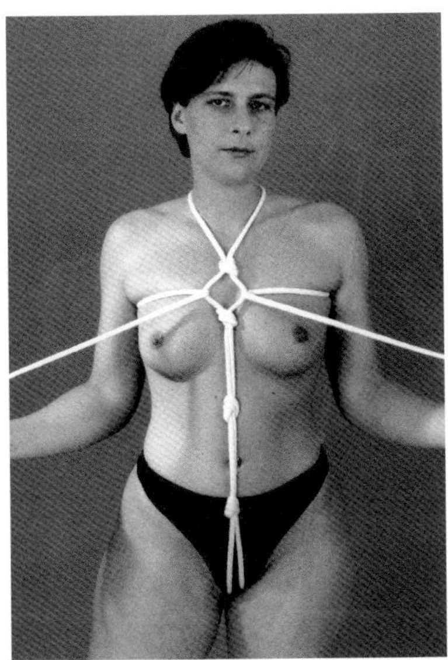

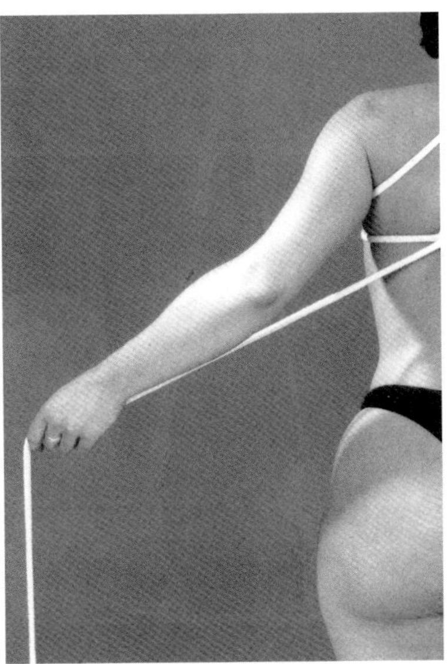

... und durch das Auge zwischen den obersten beiden Knoten gezogen. Von dort geht es wieder nach hinten, um auch da durch das Auge zwischen den obersten beiden Knoten gezogen zu werden.

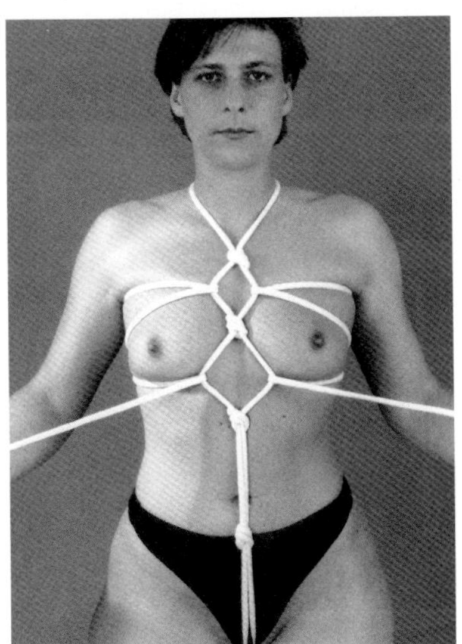

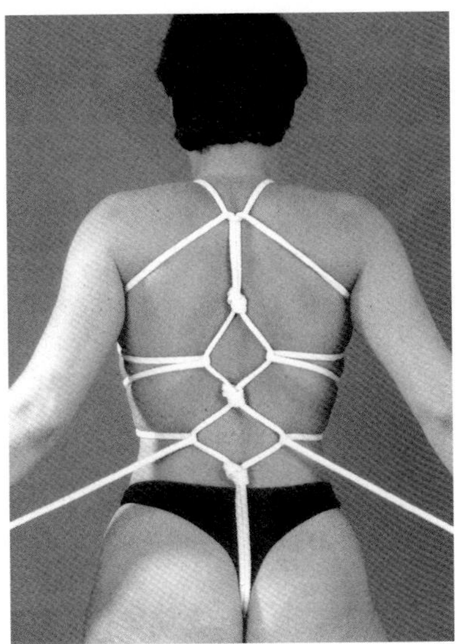

Jetzt wieder nach vorne, durch das eine Etage tiefer liegende Auge führen. Hinten das Ganze wiederholen.

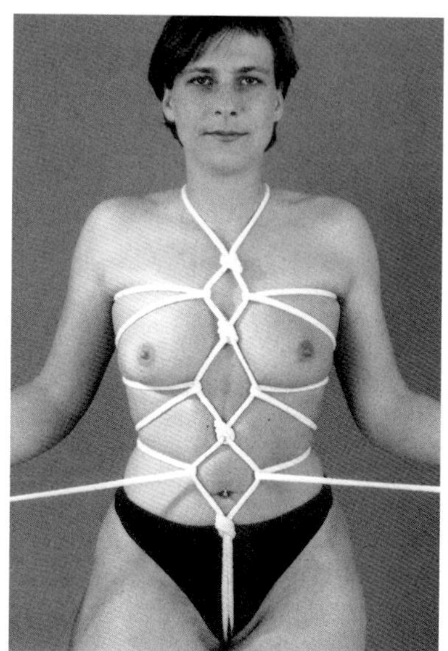

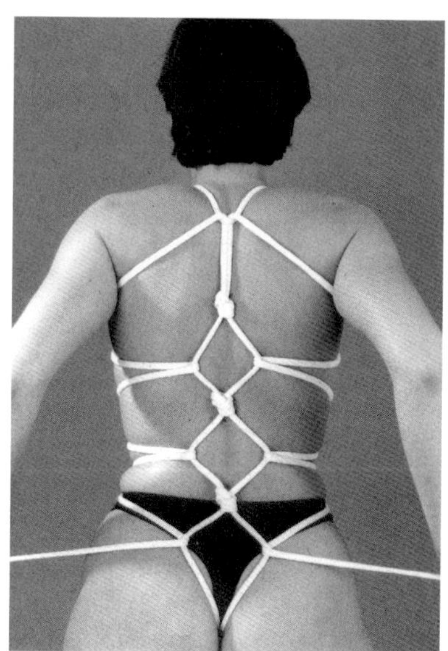

Dann wieder nach vorne durch das nächste Auge. Und hinten durch das letzte Auge.

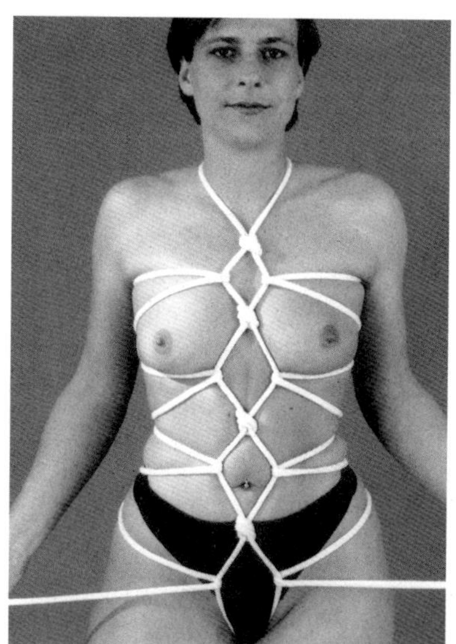

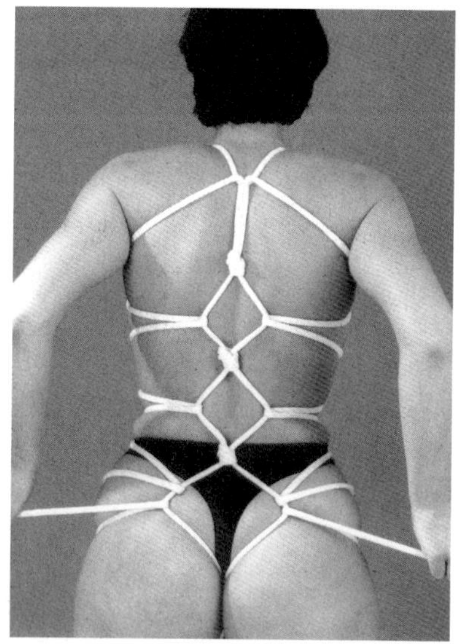

Über die Hüften zum untersten vorderen Auge und auch dort hindurch ziehen. Bitte kontrollieren, ob ›da unten‹ auch alles gut sortiert ist, denn jetzt ist das Seil zwischen den Beinen deutlich straffer geworden.
Nochmals durch das hintere Auge ziehen und mit der Spannung im Schritt spielen.

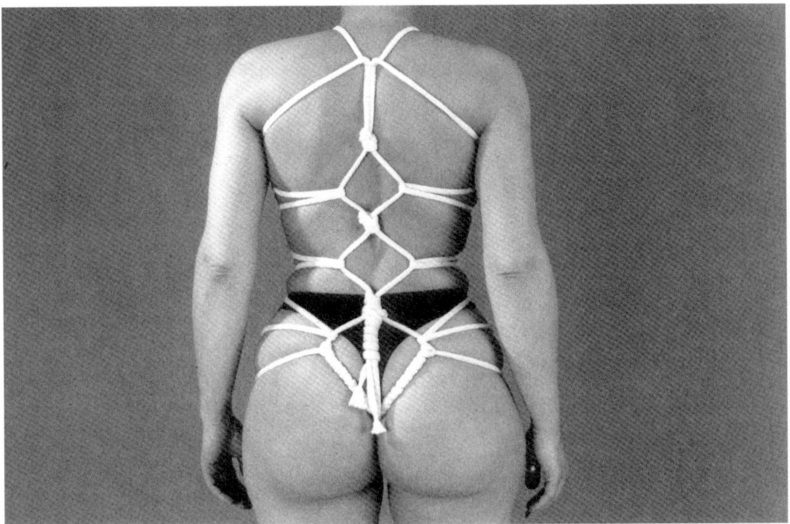

Nachdem man es vorne auch ein weiteres Mal durch das untere Auge geführt hat, kann man das Seil jetzt hinten verknoten. Überschüssiges Seil sollte man hübsch drapieren um den optischen Eindruck nicht zu stören.

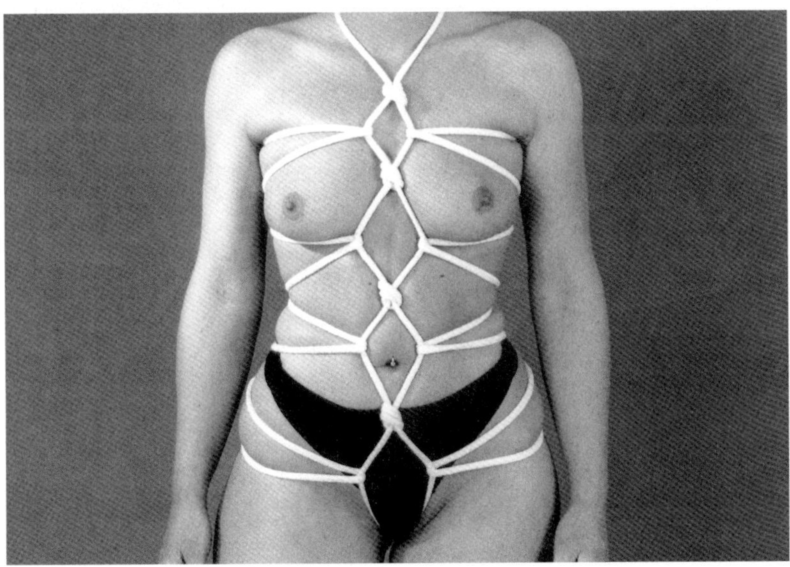

Fertig ist der Ausgehanzug. Der nicht gemachte vierte hintere Knoten erlaubt mehr Spiel zwischen den Beinen, so dass der Seildruck weniger auf den Weichteilen liegt.

Bondage-Philosopie

Manche Leute lesen Anleitungen wie andere die Bibel und mancher Bondage-Lehrer erklärt seine Technik zur einzigen Lehre. Ob das der Weg ist oder ob man sich lieber für einen offeneren Weg entscheidet, hängt nicht zuletzt von der Persönlichkeit und den Bedürfnissen des Lernenden ab. Wer sich sicherer fühlt, sobald das Terrain genau begrenzt ist, dem sei zu einem festen System geraten. Doch wer lieber probiert und experimentiert und Bondage als sich entwickelndes System begreift, der fühlt sich in einem festen System eher eingeengt.

Die von mir in diesem Buch aufgestellten Regeln und Hinweise verstehen sich eher als Anregungen, Hilfestellungen und Anleitungen und nicht als starres Regelwerk, das bei einer Missachtung bedeutet, dass korrekte Bondage nicht mehr möglich ist. Bondage ist bei aller Technik eben auch erotisches Spiel. Und so wie es Spiele gibt mit Regeln, die nicht mehr hinterfragt werden, so gibt es das offene Spielen mit Seil zwischen zwei Menschen, deren einzige Regel die gemeinsame Lust und Befriedigung ist, egal wie man dazu kommt.

Mein Ansatz ist eher offen und Matthias M. brachte dazu mal den Begriff der ›Hamburger Schule‹ auf.

Was heißt ›Hamburger Schule‹? Uns geht es in erster Linie auch in den Bondage-Seminaren darum, gemeinsam auszuprobieren, wie es mit den Seilen so funktioniert, dass es beiden Partnern erotischen Benefit beschert und dabei gleichzeitig sicher, schnell und effektiv ist.

Die Fesselung kann den Partner zieren oder einfach nur hilflos machen, sie kann ihm helfen, mehr zu spüren, seinen Körper als Gesamtheit aus Innen und Außen zu begreifen. Bondage hat mit Erotik und Sex zu tun, mit Entgrenzung und Hingabe, mit Macht und Hilflosigkeit. Bondage darf mehr sein als nur ein sinnliches Spiel: Bondage darf fordernd, geil, schmutzig, heiß und dreckig sein. Aber natürlich darf Bondage auch Trance und Meditation sein.

Dabei ist das Seil im besten Sinne ein direkter Ausdruck des Willens, den der Aktive den Passiven spüren lassen will. Und dabei kann es auch mal grob zugehen. Und natürlich sollte das Seil irgendwann mehr sein, als nur ein Stück Material und die Bondage mehr als Technik. So wie aus einem Umfassen des Partners mit zwei Armen eine innige Umarmung, ein Festhalten, ein Schutz oder ein Kampf werden kann.

In der ›Hamburger Schule‹ gibt es keine Dan-Prüfungen oder Zertifikate, dafür aber den spielerischen Umgang mit dem Thema. Auch japanische Hintergrund-Infos und Terminologie sind uns nicht so wichtig. Und wir nennen das, was wir machen, ganz bewusst nicht Shibari sondern japanische Bondage. Und wir suchen uns das für uns Beste, Praktischste und Befriedigendste aus dem heraus, was die bekannten Meister so zeigen bzw. zeigten. Für uns gibt es nicht den einzig selig machenden Weg und die einzig richtige Technik, denn Bondage ist lebendig und entwickelt sich immer weiter. Dieser Dynamik folgen wir.

Quellen

Online:
www.bondageproject.com – Alles zum Thema japanische Fesselungen mit Beispielbildern, Workshop-Terminen, Linkliste zum Thema und mehr

DVDs:
Die Japan-Bondage Workshop-DVDs, erhältlich im Charon Verlag oder über die Webseite www.schlagzeilen.com

Bücher:

- Das Bondage-Handbuch, Matthias T. J. Grimme, Charon Verlag
- Das SM-Handbuch, Matthias T. J. Grimme, Charon Verlag
- Bondage for Sex, Chanta Rose, englisch (eher amerikanische Bondage)
- Showing you the Ropes, Two Knotty Boys, englisch (eher amerikanische Bondage)
- Back to the Ropes, Two Knotty Boys, englisch (eher amerikanische Bondage)
- Bondage – Der gefesselte Mann, Tom Schmidt
- The Seductive Art of Japanese Bondage, Midori, englisch
- Shibari you can use, Lee Bridgett Harrington, englisch
- Erotic Bondage Handbook, Jay Wiseman, englisch (eher amerikanische Bondage)

(Alle Bücher erhältlich über www.schlagzeilen.com)

Ein paar japanische Begriffe aus dem Bereich Bondage

Agura shibari	*Bondage im Schneidersitz*
Asanawa	*Hanf- und Juteseil*
Bakushi	*Kinbaku-Meister*
Deshi	*Schüler (bei einem Meister)*
Dorei	*Sklave, Sklavin*
Ebi shibari	*Die ›Krabbe‹ – Fesselung, bei der der Oberkörper weit hinunter zu den im Schneidersitz gefesselten Beinen herunter gezogen wird.*
Ebizeme	*Alte japanische Foltertechniken mit Seil.*
Emu	*›M‹, Abkürzung für Masochist*
Esu	*›S‹, Abkürzung für Sadismus*
Esu emu	*Abkürzung für SM (das ›u‹ ist jeweils stimmlos)*
Gyaku-ebi	*Umgekehrte ›Krabbe‹ – ähnlich dem amerikanischen Hog-Tie, der Gefesselte liegt auf dem Bauch, Arme und Beine sind so eng wie möglich nach hinten gefesselt.*
Gyaku-ebi zuri	*Die gleiche Stellung wie beim Gyaku-ebi, nur dass diesmal Arme und Beine jeweils einzeln am Hängepunkt befestigt sind und der Gefesselte recht unbequem hängt.*
Gote shibari	*Das Fesseln der Handgelenke auf dem Rücken.*
Hashira ushirodaki	*Fesselung an einen Pfosten (meist Bambus)*

Hojojutsu	*Traditionelle Kampfkunst zum Fangen und Fesseln mit Seil.*
Hon kikkou	*Fesselung, deren Form an das Muster auf einem Schildkröten-Panzer erinnert.*
Kanuki	*Das Sicherungsseil zwischen Armen und Brustkorb, welches die über den Körper laufenden Seillagen gegen ein Hochrutschen sichert.*
Karada	*Allgemeiner Begriff für verschiedene eher dekorative Fesselungen des Körpers, meist symmetrisch, ähnlich wie Kleidung aus Seil.*
Kata-ashi-sakasa-zuri	*Fesselung, bei der der Gefesselte nur an einem Bein hängt.*
Kikkou shibari	*Wohl eine der bekanntesten Sets, dabei wird meist der ganze Körper wie in ein Fischnetz eingewoben. Die Hände bleiben oft frei.*
Kinbaku	*Der Begriff bezeichnet eher die Art des Fesselns als die Technik, als mehr das Drumherum.*
Kinbaku-bi	*Die Schönheit des auf traditionelle Weise gefesselten Körpers.*
Kotobu ryo-tebuki	*Die Arme sind von vorne über den Kopf nach hinten gefesselt.*
M-jo	*Eine der gebräuchlichsten Benennungen weiblicher Bondage-Modelle, wobei das ›M‹ an masochistisch erinnern soll und ›jo‹ eine junge Frau bezeichnet. Die meisten Frauen bezeichnen sich selbst aber lieber als ›Modell‹.*
M-o	*Der Begriff für männliche Fessel-Modelle*
Matanawa	*Allgemeiner Begriff für alle Fesselungen im Schambereich, besonders wenn das Seil zwischen den Beinen hindurch geführt wird.*
Mune nawa	*Brust-Bondage (auch als Shinju bekannt)*
Momo shibari	*Der Gefesselte kniet, dann werden seine Arme zwischen den Beinen nach hinten gefesselt.*

Nawa	*Seil*
Nawashi	*Seil-Meister, der Begriff meint eigentlich Profi-Fessler (die mehr oder weniger von ihren Seilkünsten leben), also nicht Leute, die einfach nur mit Seil umgehen können.*
Newaza	*Erotisches Feseln auf dem Boden, sitzend oder liegend.*
Ryo-tebuki shibari	*Das Fesseln beider Handgelenke aneinander.*
Ryo-ashi zuri	*Der Gefesselte hängt an Takatekote und mit beiden Beinen auf gleicher Höhe gefesselt.*
Sakasa zuri	*Der Gefesselte hängt mit dem Kopf nach unten, ohne dass ein Hängeseil am Takatekote befestigt ist. Das kann mit einem Taillen-Seil gemacht werden oder mit Seilen nur um die Fußgelenke.*
Santen zuri	*Santen bedeutet ›an drei Punkten‹ (was auch für einen Gyaku-ebi-zuri zuträfe) und wird gerne zur Beschreibung der ›Toilettensitz-Suspension‹ verwendet, in der das Modell so in der Luft hängt, als säße sie eben dort.*
Sensei	*Bezeichnung für den Lehrer und Meister*
Shibararetai	*Das Bedürfnis, gefesselt zu werden*
Shibari	*Eigentlich etwas aneinander binden oder weben, nur im Bondage-Kontext steht es für die japanische Art zu fesseln.*
Shibaritai	*Das Bedürfnis, jemanden zu fesseln*
Takatekote	*Die am meisten benutzte Oberkörperfesselung. Die Hände sind auf dem Rücken gebunden, mehrere Seillagen um den Oberkörper. Die Fesselung gibt es in unterschiedlichen Varianten. Sie dient unter anderem zur Befestigung eines Suspension-Seils.*
Tanuki (tsuri)	*Hänge-Bondage an allen vier Gliedmaßen mit dem Gesicht nach unten.*

Teppo shibari	*Eine Fesselung bei der der eine Arm nach oben abgewinkelt wird, so als würde man einen Pfeil aus einem auf dem Rücken befindlichen Köcher ziehen wollen.*
Tsuri	*Jede Form der Hänge-Bondage. Früher eine der klassischen Foltertechniken. Aus Tsuri wird Zuri, wenn es Teil eines anderen Wortes ist, etwa in Santen zuri.*
Tsuri nawa	*Das Hängeseil*
Tsurizeme	*Gefesselt und hingehängt mit Seil*
Ushiro-gassho	*Die umgekehrte Gebetshaltung, die Hände sind auf dem Rücken so gefesselt, dass die Hände in der Gebetsposition hochstehen. Nur etwas für sehr gelenkige Menschen.*
Ushiro Takatekote	*Oft auch nur Takatekote genannt, die Basisfesselung des Oberkörpers. Es gibt sie als Variante mit zwei oder drei Standard-Seilen (2TK und 3TK). Diverse Varianten je nach Fessler.*
Yokozuri	*Hängen in Seitenlage*

Über den Autor

Matthias T. J. Grimme, aka Drachenmann aka Tatsu Otoko, geb. 1953, Krankenpfleger, Sozialarbeiter, Verleger. 15 Jahre Arbeit in der Psychiatrie, 8 Jahre Arbeit mit Männergruppen.

Schon seit 1989 ist er Redakteur in der ›Schlagzeilen‹-Redaktion (www.schlagzeilen.com). Inzwischen Mitherausgeber und Mitbesitzer des Charon-Verlages. Herausgeber von ›Käufliche Träume‹, ›Die ungleichen Brüder‹ (beides rororo), Autor von ›Das SM-Handbuch‹ und ›Das Bondage-Handbuch‹, Initiator des ›Bondage Projects‹. Veranstalter von Workshops zu diversen SM-Themen, vorzugsweise Japan-Bondage.

Fotografiert und filmt seit 2000 für das Bondage Project. Performances seit mehr als 10 Jahren (www.ropeart.de). Außerdem Mitbesitzer des Piercing- und Branding-Studios ›Stahl Stich/ Kiss of Fire‹ (www.kiss-of-fire.com)

Mehr Informationen über Matthias unter www.diequaelerei.de